U0566821

本书获国家社科基金一般项目“职业教育促进社会流动机制研究”
（项目编号：19BSH045）资助

当代中国社会变迁研究文库

家庭教育投入

期望、投资与参与

刘保中◎著

A Study on the Family Educational Inputs:

Aspiration, Investment and Involvement

社会科学文献出版社
SOCIAL SCIENCES ACADEMIC PRESS (CHINA)

总 序
推进中国社会学的新成长

中国社会学正处于快速发展和更新换代的阶段。改革开放后第一批上大学的社会学人，已经陆续到了花甲之年。中国空前巨大的社会变迁所赋予社会学研究的使命，迫切需要推动社会学界新一代学人快速成长。

“文化大革命”结束后，百废待兴，各行各业都面临拨乱反正。1979 年 3 月 30 日，邓小平同志在党的理论工作务虚会上，以紧迫的语气提出，“实现四个现代化是一项多方面的复杂繁重的任务，思想理论工作者的任务当然不能限于讨论它的一些基本原则。……政治学、法学、社会学以及世界政治的研究，我们过去多年忽视了，现在也需要赶快补课。……我们已经承认自然科学比外国落后了，现在也应该承认社会科学的研究工作（就可比的方面说）比外国落后了”。所以必须奋起直追，深入实际，调查研究，力戒空谈，“四个现代化靠空谈是化不出来的”。此后，中国社会学进入了一个通过恢复、重建而走向蓬勃发展和逐步规范、成熟的全新时期。

社会学在其恢复和重建的初期，老一辈社会学家发挥了“传帮带”的作用，并继承了社会学擅长的社会调查的优良传统。费孝通先生是我所在的中国社会科学院社会学研究所第一任所长，他带领的课题组，对实行家庭联产承包责任制后的农村进行了深入的调查，发现小城镇的发展对乡村社区的繁荣具有十分重要的意义。费孝通先生在 20 世纪 80 年代初期发表的《小城镇·大问题》和提出的乡镇企业发展的苏南模式、温州模式等议题，产生了广泛的影响，并受到当时中央领导的高度重视，发展小城镇和乡镇企业也随之成为中央的一个“战略性”的“大政策”。社会学研究所第三任所长陆学艺主持的“中国百县市经济社会调查”，形成了100多卷本调查著作，已建立了60多个县（市）的基础问卷调查资料数据库，现正在组织进行“百村调查”。中国社会科学院社会学研究所的研究人员在20世纪90年代初期集体撰写了第一本《中国社会发展报告》，提出中国社会变迁的一个重要特征，就是在从计划经济走向社会主义市场经济的体制转轨的同时，也处于从农业社会向工业社会、从乡村社会向城市社会、从礼俗社会向法理社会的社会结构转型时期。在社会学研究所的主持下，从1992年开始出版的《中国社会形势分析与预测》年度“社会蓝皮书”，至今已出版20本，在社会上产生了较大影响，并受到有关决策部门的关注和重视。我主持的从2006年开始的全国大规模社会综合状况调查，也已经进行了三次，建立起庞大的社会变迁数据库。

2004年党的十六届四中全会提出的构建社会主义和谐社会的新理念，标志着一个新的发展时期的开始，也意味着中国社会学发展的重大机遇。2005年2月21日，我和我的前任景天魁研究员为中央政治局第二十次集体学习做“努力构建社会主义和谐社会”的讲解后，胡锦涛总书记对我们说：“社会学过去我们重视不够，现在提出建设和谐社会，是社会学发展的一个很好的时机，也可以说是社会学的春天吧！你们应当更加深入地进行对社会结构和利益关系的调查研究，加强对社会建设和社会管理思想的研究。”2008年，一些专家学者给中央领导写信，建议加大对社会学建设发展的扶持力度，受到中央领导的高度重视。胡锦涛总书记批示：“专家们来信提出的问题，须深入研究。要从人才培养入手，逐步扩大社会学研究队伍，推动社会学发展，为构建社会主义和谐社会服务。”

目前，在恢复和重建30多年后，中国社会学已进入了蓬勃发展和日渐成熟的时期。中国社会学的一些重要研究成果，不仅受到国内其他学科的广泛重视，也引起国际学术界的关注。现在，对中国社会发展中的一些重大经济社会问题的跨学科研究，都有社会学家的参与。中国社会学已基本建立起有自身特色的研究体系。

回顾和反思30多年来走过的研究历程，社会学的研究中还存在不少不利于学术发展的问题。

一是缺乏创新意识，造成低水平重复。现在社会学的“研究成果”不可谓不多，但有一部分“成果”，研究之前缺乏基本的理论准备，不对已有的研究成果进行综述，不找准自己在学科知识系统中的位置，没有必要的问题意识，也不确定明确的研究假设，缺少必需的方法论证，自认为只要相关的问题缺乏研究就是“开创性的”“填补空白的”，因此研究的成果既没有学术积累的意义，也没有社会实践和社会政策的意义。造成的结果是，低水平重复的现象比较普遍，这是学术研究的大忌，也是目前很多研究的通病。

二是缺乏长远眼光，研究工作急功近利。由于科研资金总体上短缺，很多人的研究被经费牵着鼻子走。为了评职称，急于求成，原来几年才能完成的研究计划，粗制滥造几个月就可以出“成果”。在市场经济大潮的冲击下，有的人产生浮躁情绪，跟潮流、赶时髦，满足于个人上电视、见报纸、打社会知名度。在这种情况下，一些人不顾个人的知识背景和学科训练，不尊重他人的研究成果，不愿做艰苦细致的调查研究工作，也不考虑基本的理论和方法要求，对于课题也是以“圈”到钱为主旨，偏好于短期的见效快的课题，缺乏对中长期重大问题的深入研究。

三是背离学术发展方向，缺乏研究的专家和大家。有些学者没有自己的专门研究方向和专业学术领域，却经常对所有的问题都发表“专家”意见，“研究”跟着媒体跑，打一枪换一个地方。在这种情况下，发表的政策意见，往往离现实很远，不具有可操作性或参考性；而发表的学术意见，往往连学术的边也没沾上，仅仅是用学术语言重复了一些常识而已。这些都背离了科学研究出成果、出人才的方向，没能产生出一大批专家，更遑论大家了。

这次由中国社会科学院社会学研究所学术委员会组织的“当代中国社会变迁研究文库”，主要是由社会学研究所研究人员的成果构成，但其主旨是反映、揭示、解释我国快速而巨大的社会变迁，推动社会学研究的创新，特别是推进新一代社会学人的成长。

李培林

2011 年 10 月 20 日于北京

目　录

第一章
导　论

第一节　研究缘起

一　家庭教育投入："教育－阶层"再生产的机制

在现代社会，教育扮演着促进或者阻碍社会阶层流动的双重角色。从积极的一面看，教育是促进社会流动的关键因素。对于个体来说，接受高水平的教育，不仅意味着在未来更有可能获得理想的收入和地位，而且意味着可以通过教育非市场化的效果，如改善健康状况，改变养育观念、消费习惯、生活方式和提高个人能力等，来提高个体的生活质量和幸福感。从消极的一面看，大量教育分层领域的研究也发现，教育作为社会下层向上流动的动力来源，在减少或者改变由于出身导致的不平等的同时，又在塑造着新的不平等，这是因为上层家庭会利用各种资源优势，确保子女获得相对更多的教育机会，使教育又成为家庭阶层地位优势传递的再生产机制。因此，教育获得的机会在不同社会阶层家庭之间的分布是不均衡、不平等的。

家庭背景对子女教育获得的影响一直是教育不平等研究的核心命题。在"地位获得模型"（Blau & Duncan，1967）提出之后，家庭阶层属性对教育获得和代际流动的显著影响作用在许多工业化国家都得到了验证（Featherman & Hauser，1978）。经济和社会变革带来的教育机会的增加，并没有减少家庭背景在个人教育成就取得中所发挥的作用（Shavit & Blossfeld，

1993）。这一研究结论得到了来自中国经验的支持，围绕着“谁获得了教育”的中心性问题，国内大量研究表明，出身于更高社会经济地位家庭的子女，更具有教育机会获得上的优势（李春玲，2003，2010，2014；刘精明，2006，2008；吴晓刚，2007；吴愈晓，2013a，2013b；李煜，2006）。但是，目前国内关于教育不平等的大量研究多简单化地验证了家庭社会经济背景和子女教育结果之间的联系，对这种“再生产关系”发生的“中间过程”仍缺乏全面的分析与深入的探讨。以往研究多关注教育再生产的家庭背景和社会后果，而对教育再生产的形成机制并未进行详尽的定量化考察。本书的主要研究目的就是弥补这一研究之不足。

家庭社会经济地位如何影响儿童的教育获得？以往研究从“微观资本传递理论”的视角进行分析后认为，这主要是因为不同社会经济背景的家庭在儿童教育资源的“投入”上存在差异（侯利明，2020）。例如，高收入家庭比低收入家庭更能够担负起教育的成本和获得物质保障，如居住条件、学习环境、学习费用等（Coleman，1988）。同时，具有较高受教育水平的父母，能够为他们的孩子创造更多教育文化资源上的优势以促进子代的学业发展和教育成就（Bourdieu & Passeron，1990）。此外，优势阶层的父母可通过强大的社会关系网络和较多的社会资本，为子女谋得更多、更优质的教育（Ream & Palardy，2008），例如“条子生” “关系生”现象（陈卓，2010）。

越来越多的研究进一步发现，家庭教育优势的传递并非一个简单的家庭资源等量产出的过程。在布劳和邓肯（Blau & Duncan，1967）提出经典的“地位获得模型”之后，威斯康星学派对模型进行了拓展和修正，把期望（aspiration）等社会心理因素作为影响变量纳入模型（Sewell & Shah，1968；Haller & Woelfel，1972）。他们研究发现，父母对子女成就的期待对于子女成长过程中的自身期望、教育和职业成就具有重要影响，“重要他人”的鼓励成为实现代际资源传递的重要影响变量。因此，单纯的资源论视角并不能完全解释教育不平等的形成机制，家庭社会心理和教育观念对子女教育发展同样产生重要影响。在持有不同教育观念和教育价值观的文化规范或者文化环境里，教育期望水平也可能是不一样的。例如，中国传统的父权制文化并不鼓励女子获得教育，这种观念认为女性在家庭和社区生活中，首先被赋予未来扮演母亲和妻子角色的期望，无须接受教育（吴愈晓，2012；Zhang Kao，& Hannum，2007）。也有人类学研究指出，如果学校体系和少数民族群体自身的文化不相适应或者他们不认可教育的回报，他们就会对教育持负面的态度（Hannum，2002）。

除了家庭经济投资和家庭教育期望的影响，父母的教养行为、亲子沟通等父母参与（parental involvement）因素对子女教育获得的重要性也得到越来越多研究的重视。科尔曼（Coleman，1988）从家庭社会资本（family social capital）的角度进行了阐释。他认为，作为家庭社会资本形式存在的父母参与，嵌入家庭成员尤其是父母与孩子之间的关系，是联系父母经济资本、人力资本和孩子成长的纽带，缺失了这种代际互动关系的传递，子代就难以从父母的经济和人力资本优势中获益（Coleman，1988）。因此，在科尔曼看来，父母的经济资本优势和人力资本优势可以为孩子的抚育培养和成长发展提供良好的物质资源和认知环境，而良好的亲子关系则真正起到了“孵化器”的作用。Heckman 等（Heckman et al.，2010）的研究也指出，家庭经济情况不足以代表儿童发展的全部资源，并不能确保儿童的良性发展，养育质量比经济投入更重要。具有经济优势的家庭如果为孩子提供的是低质量的养育，则其效果还比不上经济上处于劣势的家庭能为孩子提供的高质量的养育（Heckman et al.，2010）。关于儿童及青少年发展的研究也显示了家庭互动及养育实践的重要中介作用（Caughy，DiPietro，& Strobino，1994；DeGarmo，Forgatch，& Martinez，1999）。相比于家庭教育投资和期望对于子女教育影响的清晰关系，父母参与造成的影响更为隐秘和复杂。安妮特·拉鲁（2010：1～3）在《不平等的童年》一书中提出，中产阶级（包括上层中产阶级）的父母在教养孩子方面倾向于“协作培养”（concerned cultivation）的文化逻辑，相比之下，工人阶级和贫困家庭的父母倾向于采取“成就自然成长”（accomplishment of natural growth）的文化逻辑，“两类不同教养方式的文化惯习并未被重要的社会机构如学校赋予同等的社会价值”，中产阶级家长的逻辑更符合现行教育机构的标准。教养方式的阶层模式差异在代际流动中构筑了一道“无形”的墙（田丰、静永超，2018），扩大的育儿差距放大了来自不同社会经济背景的孩子的机会差异，育儿差距带来更多的不平等，“育儿差距”变成“育儿陷阱”（德普克、齐利博蒂，2019：162～169）。

综上所述，对于家庭社会经济背景和子女教育获得之间的联系，不能用一种简单化的视角来看待。家庭教育的代际影响是一个包含了多重面向的教育投入过程。影响子代教育发展的家庭资源既包括家庭收入、物资投入等货币性资源，也包括教育观念、养育实践等非货币性资源。这意味着在教育再生产的实践中，家庭资源的限制不仅仅是财务约束，也有来自抚育时间、抚育观念的影响。教育不平等的形成来源于系统性的多重因素，从家庭教育观念到教育投资及父母教养行为，都会对子女教育发展造成影响。国内也有一些研究从家庭教育投入的视角，对家庭背景的再生产机制和过程进行解释。例如，李煜（2006）研究认为，家庭经济条件好，子女才能获得促进教育进步（如读重点学校）的经济能力保障；家长受教育程度高，孩子更有可能从有能力的家长那里获得学习的辅导和答疑；家庭文化氛围浓厚，子女也更容易做出促进成绩的学习行为（如课外阅读）；父母的鼓励能激发子女学习的热情等。孙远太（2010）的研究证明，文化资本（通过家庭文化活动参与和家庭文化氛围来实现操作化）是家庭背景影响子女教育获得的中介变量。王甫勤和时怡雯（2014）基于上海市的调查数据，引入了大学教育期望，以此作为家庭背景影响子女大学教育获得的中间机制。但是这些研究的局限在于，对于子女教育获得的家庭再生产机制尚缺乏一个统一性的解释框架，有的研究还只停留在理论分析层次，缺少基于代表性经验数据的检验。

本研究将从家庭层面，采用一种“过程性”的视角考察教育不平等的形成过程，把子女教育获得的家庭再生产机制区分为家庭教育期望、教育投资和父母参与三个方面，其中家庭教育期望代表着家庭对子女接受教育的观念，而教育投资和父母参与分别代表了家庭对子女教育的货币性投资行为和非货币性养育行为。本研究采用“过程性”的视角，尝试提供一个更为广泛的解释框架以分析当代中国家庭教育差异的现状，并且通过使用具有全国代表性的数据，对这一解释框架进行检验和分析。

对家庭教育投入的考察，是打开教育再生产“黑箱”的关键钥匙。家庭社会阶层地位之所以对子女教育获得起关键性的影响作用，主要就是因为不同社会经济背景的家庭在子女教育投入意愿、投入能力和投入水平等方面存在差异，进而影响着子女的教育结果及其在学校的表现。本书将尝试研究不同家庭的社会经济地位水平如何影响子女教育获得的机制，及进而造成的教育分层化的后果。同时，由于中国社会转型、人口转变、特殊的文化传统与制度环境等宏观因素也会对其他一些家庭变量如家庭性别观念、家庭地域、家庭教育决策等产生影响，并通过这些环节对子女教育获得的机制及教育结果产生影响，因此，本书还将尝试研究其他不同家庭层面变量对子女教育获得机制的影响。

二 家庭成为当前教育再生产的轴心

在现代社会，教育再生产并不是以直接再生产的形式表现出来的，而是通过家庭或者学校进行再生产的。虽然学校教育在现代社会中扮演重要的再生产角色，但与学校相比，家庭仍旧是社会资源的主要分配单位。学校是显性的精英选拔机构，家庭则内隐地进行筛选。社会筛选的过程始于家庭，而家庭又被纳入社会阶层结构。因此，家庭的社会阶层地位构成了教育资源分配和教育选拔的基础。在市场转型时期，教育机会的家庭资源转化模式作为解释当前教育不平等的重要机制得到强化（李煜，2006）。根据这一解释机制，处于不同社会位置的家庭凭借自己的社会经济地位，通过经济、文化、社会资本在教育场域中竞争资源与机会。子女的教育竞争优势取决于每个家庭在资本谱系中的位置，以及对不同形式资本的占有规模和兑现能力。经济资本是家庭资本中重要的资本形式。教育投资作为家庭经济资本的资源转化形式，具有经济资本优势的家庭更容易将对子女的教育期望转化为经济投入和物质保障。

当前教育再生产模式的新变化强化了家庭作为教育再生产的轴心地位。家庭高度重视子女教育投入，甚至开始替代学校成为组织孩子个性化学习方案的轴心，成为“教育经纪人”（杨可，2018）。近年来关于家庭教育投资结构的研究发现，尽管在家庭教育支出的统计口径和样本代表性上存在差异，但是很多研究已经开始注意到家庭教育支出在结构上的变化。钱晓烨等（2015）利用国家统计局“教育支出专题调查”数据进行研究后认为，家庭校外支出在大幅度增加，相比 2007 年，2011 年家庭校外教育支出增长接近 2.5 倍，校内教育支出下降幅度则超过 40%。薛海平（2015）的研究认为，家庭围绕课外补习、特长班、兴趣班等“影子”教育（shadow education）展开的日益激烈的博弈竞争，使学生的学业竞争从校内扩展到校外，学校教育的再生产功能逐渐让渡给“影子”教育。《中国教育新业态发展报告（2017）》（王蓉，2018）的数据显示，全国中小学阶段学生整体的校外培训总体参与率为48.3%，而且城市地区的这一比例明显更高；在学生培训内容上，以学科补习和应试为主。教育竞争场域重心的位移是由一系列因素导致的。

第一，市场化转型的影响。自20世纪80年代中国向市场经济转轨以来，市场机制越来越多地渗入教育领域。教育市场化刺激并加剧了校外教育竞争，强化了家庭经济影响。近些年来，社会上普遍热议的幼儿园高收费和“天价幼儿园”就是学前教育严重市场化的反映。即使在我国义务教育阶段，市场化的影响也非常明显。虽然学校免除了学费和学杂费，但是家庭教育成本并未降低，而是转嫁到校外，如择校费、购买学区房、课外辅导费等。2017年，一篇《月薪三万，还是撑不起孩子的一个暑假》的帖子在微信朋友圈里迅速热传。虽然有很多家庭不会达到区区一个假期就为孩子投入3万元的程度，但是教育“烧钱”无疑引起了众多家长的共鸣。因为教育的市场化程度越来越高，教育机会的家庭资源转化机制得到进一步强化，家庭经济资本比以往更容易且更有效地转化为子女差别化的教育机会。

第二，教育制度与政策的影响。随着中国经济社会的快速发展，中国的教育事业也获得了长足发展，各级教育规模逐渐扩大，教育资源不断优化，教育经费也在大幅提高，由政府公共投资和家庭私人投资构成的教育投资结构也在发生显著变化。1993年，国家发布的《中国教育改革和发展纲要》就提出，国家财政性教育经费支出占国内生产总值（GDP）的比例要在20世纪末达到4%，即世界衡量教育水平的基础线，但是，我国的这一目标直到2012年才实现。虽然自2012年以来我国国家财政性教育经费支出占GDP的比例持续保持在4%以上，但我国教育投入占GDP的比重在世界上仍属于中等偏下水平。在公共教育投资长期严重不足的情况下，个体家庭的教育投资能力对于子女获得稀缺性教育资源来说就显得尤为重要。

国家的“教育减负”政策刺激了家庭寻求课外辅导教育的需求。历经国家和各地政府持续严厉的“减负”政策，目前中小学生的学校减负效果总体显著，中小学校的课内学业负担已经明显减轻。但是课外补习和课外培训取而代之，构成了当前中小学生学业负担的主要部分。家长普遍认为在选拔性升学考试制度没有改变的情况下，如果只是接受学校减负后的教学内容，则很难应付越来越激烈的升学考试。因此，国家“减负”

政策的实施反而刺激了课外补习需求，以致学校减负越多，留给课外培训市场的空间就越大。国家多次下达的学校“减负令”某种程度上反而弱化了学校作为教育供给的主体性地位。

第三，优质教育资源稀缺的影响。目前优质教育分布仍不均衡，“僧多粥少”，家长们愿意付出更高的价格为子女挑选、购买市场上更好的教育产品和教育资源，为孩子创造更加丰富和个性化的教育选择，帮助子女获得考试竞争和人力资本积累的优势。尤其是在当前升学考试难度不断提高、升学压力持续加大的情况下，家长往往会通过选择课外补习的方式来获得更高水平的教师授课和更加优质的教育资源。

第四，中产阶层的崛起以及教育竞争的社会心态。伴随着改革开放以来中国经济的持续稳定快速增长，以及城市化进程的加快，中产阶层开始出现并壮大，成为中国社会阶层结构变迁的新趋势。根据国际知名智库瑞士信贷（Credit Suisse）发布的《2015 年全球财富报告》，采用美国中产财富标准定义，中国中产人数为全球之冠，高达 1.09 亿人，比居于第二位的美国多 1700 万人，比居于第三位的日本多 4700 万人。[①] 国家发改委主任何立峰 2018 年 3 月 6 日在两会期间的记者会上公布，中国现在中等收入者有 4 亿多人，位居世界第一，而且还在迅速增长中。重视教育、通过教育获得事业成功是中产阶层持有的重要价值观。中国家庭一向十分重视对子女的教育投入，并把“教育自救”视为在社会阶梯上攀爬的路径。在市场化转型时期，人力资本在劳动力市场上的回报率提升，使家庭愈加重视在子女教育上的投资。中产阶层的崛起提升了教育消费的经济能力，也强化了教育促进社会流动的竞争心态。教育成为当前中国父母焦虑集中的领域，如何让孩子在考试竞争中获胜并最终考入精英大学成为多数父母眼中理想的成功路径。

从校内到校外，从学校到家庭，教育竞争场域重心的位移、教育再生产模式的新变化强化了家庭作为当前教育再生产的轴心地位，家庭教育投入的差距在拉大，造成的教育不平等和社会不平等后果在加剧。这使本书的研究具有了更加重要的理论价值和现实价值。

---

① 《2015 年全球财富报告》，https://credit-suisse.com/about-us/en/reports-research/global-wealth-report.html，最后访问日期：2021 年 4 月 10 日。

第二节　研究价值

一　理论价值

第一，本研究对子女教育获得形成机制的区分和考察，弥补了目前国内教育分层研究对于教育不平等形成过程和机制研究的不足。国内目前关于教育不平等的研究主要关注家庭社会经济地位、性别、子女数量、户籍等背景变量对升学、学业成绩或学历获得等教育获得所造成的影响，对于此影响机制的解释一直缺乏系统性的量化考察。本研究尝试从家庭教育投入的三个维度，即家庭教育期望、教育投资和父母参与三个方面来分析当代中国家庭子女教育获得的形成机制，力图提供一个更为广泛的解释框架，以便于大家更为全面地认识和了解当前中国家庭教育分层的现状。

第二，本研究立足于从家庭层面寻找影响代际资源传递和教育后果的因素，有利于具体考察社会和制度变迁等宏观因素的具体影响。家庭是影响个体成长最重要的单位，也是社会经济及制度变革对个体教育产生影响的关键环节。以经济发展、制度变迁的宏观视角解释中国的教育不平等，并不利于具体考察宏观因素的具体影响，也不能非常清楚地了解教育分层发生的具体机制。实际上，权衡教育投资和资源分配的过程都是由家庭这个基本微观单位完成的。因此，从家庭层面考察教育期望、教育投资和父母参与，是了解中国不平等形成及变化机制的关键突破口。

第三，本研究所关注的教育获得的机制变量丰富了国内教育分层研究的维度，拓展了研究内容。国内关于教育分层、教育获得的影响研究已经积累了大量成果，但对于机制性变量的影响研究相对较少，尤其是把教育期望和父母参与作为因变量的研究还非常少。以往对教育不平等的研究主要关心“谁获得了教育”这一中心问题（李春玲，2003），对“谁更想获得教育”“获得何种程度的教育”的问题关注度不够。从文化研究的层面来看，传统儒家文化一直有重视子女教育的家庭观念，“学而优则仕”（《论语・子张》）。中国的父母极为重视子女教育上的成功，并把这种成功作为整个家庭乃至家族的荣耀。教育也一直是个人实现向上流动的主要途径。一些基于国际比较的经验研究也发现，中国儿童在学习成绩上好于美国儿童的一个重要原因就是，中国的父母比美国的父母对子女的教育期望更高，中国的父母也更加相信个人的努力对学习成绩的积极作用（Stevenson & Stigler，1992）。但是，对于中国内部家庭与家庭之间是否也存在教育期望的差异，尚缺乏充分的讨论。随着中国社会现代化的变迁、市场化的转型和文化观念的转变，以及社会形势的变化（如高校扩招、“就业难”），教育本身的作用以及人们对于教育重要性的认识都有可能发生改变。对于教育期望的深入研究，能够加深我们对中国教育分层现状的整体把握，也有助于我们对未来家庭教育的发展方向做出预测。

在父母参与上，国外研究在检验家庭社会经济条件对青少年教育期望及认知能力、社会行为、学业成绩等发展后果的影响机制时，分析得出父母观念、物质投入、养育活动等一系列父母参与因素发挥着重要的中介作用（Stevenson & Baker，1987；DeGarmo，Forgatch，& Martinez，1999；Davis-Kean，2005）。但是目前国内对于父母参与的研究仍缺乏系统的分析，虽然近期的一些国内研究也开始关注中国家庭教育中父母的参与问题，例如周皓（2013），吴重涵、张俊、王梅雾（2014）。但是，这些研究的不足在于对“父母参与”这一概念的考察仍旧不够全面。本研究使用有全国代表性的数据，考察了各个年龄阶段父母参与子女教育的不同特点及影响因素，丰富了关于父母参与的研究。

第四，以往关于中国教育分层的主流研究主要把教育获得作为个人教育需求的代理变量，但是由于在中国还存在大量没有满足的教育需求，尤其是高水平的教育需求，因此教育获得在某种程度上是受到供给约束的，因此，用教育获得反映家庭的教育需求是存在偏差的（Qian & Smyth，2011）。而对教育期望、教育投资和参与行为等的研究直接测量家庭的教育投入，反映着父母的经济能力和增加子女教育机会的主观意愿和需求。

二　实践价值

首先，对家庭教育投入的详细考察使“家庭”成为教育公平政策的重要落脚点。在传统的教育不平等研究以及教育公平政策研究中，“家庭”基本是缺失的。传统教育不平等的研究多关注不同社会群体在教育获得机会上的差异，与此相对应的教育公平政策多以目的为导向，即把提高弱势群体的各级教育入学率作为政策主旨，实施了加大农村或者贫困地区教育经费的投入力度、促进办学条件的改善、提高义务教育的普及程度等不同措施，但缺乏针对弱势家庭的教育扶持计划。本研究把“家庭”环节作为公平政策的重要关注内容，引入家庭教育期望、教育投资和父母参与等“机制性”变量，并检验其对家庭背景作用所起到的中介效应，这对帮助弱势家庭建立与完善家庭教育计划，促进这些家庭的子女教育发展具有重要指导意义。

很多国家和地区的政府提供了家庭教育支持的政策范例。例如美国从1965年起推行“开端计划”（Head Start Program），这是以追求教育公平，改善人群代际恶性循环为目标的一个儿童项目。此计划包括为贫穷家庭提供物质性学习资源如玩具、书和杂志，提供高质量的全天免费的教育性电视节目等儿童教育与发展服务，此外，还包括了家长参与儿童教育服务，有专门老师帮助改善亲子关系和提高养育质量。这启发我们，为帮助弱势家庭提高子女教育质量，政府、机构、学校等应通力合作，帮助建立家庭支持子女教育的系统，例如家校合作计划、家访、父母信息提供、家长教育等，建立社区和学校的支持系统，改善父母参与和提高养育质量。

其次，针对不同的教育获得机制施加政策影响，使教育公平政策更加具体和有针对性。在以往针对弱势家庭的政策帮扶上，各级政府多普遍实行加大对贫困家庭或者贫困学生的货币救助力度的措施。针对贫困地区的家庭，国家的确应该加大各级教育的公共投资力度，完善针对贫困生的补助政策，但是子女教育获得的形成机制既包括了教育投资变量，也包括了教育期望以及父母参与等因素，针对父母参与缺失或者低水平的家庭，即使是家庭经济状况良好，政府也需要侧重帮助这些家庭的父母提高父母参与的水平，改变子女教育的方式，建立“教育父母”计划，有计划地开展“家校合作”计划。父母参与在代际资源传递与阶层再生产的过程中所扮演的重要“中介角色”，彰显了父母参与的力量。弱势家庭可以通过改善父母参与的实践来弥补家庭背景上的劣势对子女发展造成的消极影响（何瑞珠，1999；吴重涵、张俊、王梅雾，2014）。以往的研究侧重于识别儿童和青少年发展的风险因素，家庭社会经济上的劣势会使青少年个体在成长过程中面临更多的发展风险，一定程度上忽略了如何为风险家庭里的子女提供获得成功的保护性措施（Furstenberg & Hughes，1995）。家庭社会经济背景提供了孩子成长的结构性环境，但是父辈的经济资本和人力资本优势需要借助积极的父母参与等形式的家庭社会资本，才能促进子代更好成长。以往我们的教育改革主要关注制度化教育中的公正，作为学校教育系统有效支撑的父母参与往往被忽视。父母参与的重要作用为我们降低风险，探寻提升子女学业成就的积极干预策略提供了启发。

综上所述，对于家庭教育投入的实证研究对于全面展现中国城乡家庭教育分层的现状、探究差异形成的过程及机制，制定干预性政策，促进教育公平，具有理论和实践上的重要意义。

第三节　研究主题与本书结构

一　研究主题

本书以新时期我国家庭对子女的教育投入作为研究对象，从整体上了解和把握新时期我国家庭教育投入的内容、水平、结构、比例等方面的总体状况，细致分析家庭教育投入的影响因素及群体差异。对于未成年子女而言，家庭是他们成长和接受教育的起点和主要场所。家庭也是社会经济以及制度变革对个体教育产生影响的“窗口”。因此，本研究总体的逻辑分析与解释框架是将家庭教育投入置于中国社会、文化、人口和制度转型的脉络之中去理解，采用“过程性”的视角，按照“宏观社会结构 - 家庭环境 - 教育投入”的思路去描述和分析家庭教育投入的现状及影响链条。具体说来，本研究主要包括以下几个主题。

一是家庭教育投入的概念界定。通过对以往国内外研究的文献分析，对家庭教育投入进行概念化和操作化，并区分为家庭教育期望、教育投资和父母参与三种形式，并进一步通过细化指标来对它们进行测度。

二是通过相关研究综述，对影响家庭教育投入的主要因素进行梳理和界定。结合教育不平等的研究成果以及中国社会的转型背景，将影响家庭教育投入的主要因素进一步进行类型化。

三是家庭教育投入的描述性研究。通过使用具有全国代表性的跟踪数据，全面描述与分析新时期我国家庭教育投入的总体特征、投入偏好及投入结构的特征以及历时变化，并对教育投入在主要变量（家庭社会经济地位、性别、户籍、家庭规模等）上的分布情况进行描述，最后对不同的投入形式及特征进行比较。

四是家庭教育投入的影响因素研究。把影响家庭教育投入的主要影响因素进一步进行类型化，提出主要假设，并运用不同的多元统计模型对假设进行检验，不同影响因素对不同家庭教育投入变量的影响可能是不同的。

五是政策研究。基于对家庭教育投入的实证研究结果，为当前中国弱势家庭如何改善子女教育、促进子女教育获得提供实践上的启示。

二 本书结构

本研究共分九章。在第一章介绍本研究的研究缘起、研究价值和研究主题的基础上，其余各章的具体研究安排大致如下。

第二章阐释了对教育公平的社会学理解，并分析了与家庭教育投入相关联的宏观社会背景，主要是市场化与现代化转型、人口转变、城乡及地区差异和教育政策变迁。

第三章界定了本研究的核心概念——家庭教育投入及主要形式，即家庭教育期望、教育投资和父母参与，并对这三种形式的概念和影响因素进行了文献梳理。在文献综述的最后，本研究对以往相关领域研究进行了评述，并把家庭教育投入的影响因素即子女教育获得家庭影响机制区分为三个主要方面：经济理性、性别观念和制度分割。

第四章为本研究的研究设计，主要包括本研究的研究问题、研究假设和理论框架。在文献梳理区分因素的基础上，本研究提出了四个主要研究假设：社会经济地位假设、资源稀释假设、性别观念假设和城乡差异假设。基于导论的研究背景与本研究的理论框架，本研究认为中国的市场化与现代化转型、人口转变、城乡二元制度、地区差异、教育政策变迁等宏观因素通过个体家庭这一中介环节，进一步影响到家庭对子女的教育期望、教育投资和养育行为，并最终对子女的教育结果产生影响。

第四章还包括了本研究的数据、变量和研究方法部分。本研究使用由北京大学中国社会科学调查中心主持的“中国家庭追踪调查”（CFPS）数据进行实证分析，CFPS 数据质量较高，具有很好的全国代表性，并收集了翔实的家庭与少儿教育的相关信息。在研究方法上，本研究采用了描述性统计和多元统计分析相结合的方法进行分析研究。同时，针对不同的研究问题，本研究采用了多种统计模型进行检验，例如，针对教育期望变量所做的不同测量，本研究同时采用了 Logit 分析和多元线性分析的方法；采用 OLS 和 Tobit 模型分析了家庭教育支出的影响因素；通过使用结构方程模型，检验了城乡两种家庭父母参与方式的差异及在子女教育获得中所起到的异质性的中介效应。

第五章至第七章为本研究的中心部分，主要介绍本研究的分析结果。针对本研究提出的四个主要研究假设，第五章至第七章将分别从家庭教育期望、教育投资和父母参与三个方面进行检验。不同家庭变量对不同教育投入形式的影响是不同的，这三章的主要目的就是通过影响作用的比较分析，考察家庭教育投入主要受到那些变量的影响。

考虑到近年来中产阶层的子女教育投入问题引发越来越多的社会关注，第八章使用“特大城市居民生活状况调查”数据，从多个方面对中产阶层与非中产阶层的家庭教育投入状况进行了比较，并分析了两个阶层内部不同家庭之间在子女教育投入上的差异。

第九章是本研究的结论和讨论部分。本部分将首先总结本研究的主要结论和研究发现。在此基础上，对本研究的主要贡献和研究不足进行总结，并针对如何帮助弱势家庭加强子女教育，提出了政策建议。

第二章
社会学视角下的教育公平与宏观背景

第一节　社会学视角下的教育公平

一　教育公平的多维性

教育公平研究涉及教育学、社会学、经济学等多个学科，尤其是，教育公平一直是教育社会学领域的核心研究问题。社会学对教育公平问题的研究主要是从社会分层与社会流动的视角展开，把教育公平置于社会公平的大背景下进行讨论，认为教育机会结构内嵌于社会结构之中，重点分析社会经济背景的差异（社会公平）如何影响了人们教育机会的获得（教育分层/教育公平），以及个体获得的教育水平又如何影响了其社会经济地位（社会流动）并最终形成新的社会分层（社会公平）。因此，教育公平的发展实际上反映了社会阶层结构的状况，受到社会阶层地位的影响，同时，教育公平本身也是影响社会资源配置和利益分配的一种重要机制。总之，对于教育公平的社会学理解需要从其与社会公平的关系中去分析和把握。

教育公平具有教育权利平等和教育机会均等双重含义。“教育权利平等”侧重强调人们不受政治、经济、社会地位和民族、种族、信仰以及性别差异的限定，在法律上都享有同等的接受教育的权利（谢维和，2006）。“教育机会均等”则强调无论社会经济背景、性别或种族的差异，人们都享有平等的接受相同教育的机会。1966 年，美国学者詹姆斯·科尔曼（James Coleman）发表了关于教育公平问题的著名研究报告《教育机会均等的观念》。科尔曼在其后的研究中，在梳理教育机会均等历史演变的基础上，指出教育机会均等的含义已经发生了改变，从强调学校资源投入的不平等转到强调学校教育结果和质量的不平等（Coleman，1968）。科尔曼对教育机会均等的理解广泛影响了当今世界教育公平的观念，并对世界各国政府推进教育平等政策产生了极大影响（杨文杰、范国睿，2019）。瑞典教育学家胡森（Torsten Husen）提出了教育公平的"三均等说"，认为教育公平包括了教育起点公平（入学机会均等）、教育过程公平（受教育过程的机会平等）和教育结果公平（学业成就机会均等）（胡森，1991）。"起点—过程—结果"的连续统成为理解教育公平问题的基本分析逻辑，也是目前国内学者考察教育公平问题的主要范畴。从"起点—过程—结果"的视角来分析，目前我国教育公平存在两个新问题：第一，就教育起点公平而言，优质高等教育入学机会的不公平分配问题依然严重，教育不平等逐渐从教育机会的数量上的不平等转向质量上的不平等；第二，教育公平的重点逐渐从教育机会的均等化转向整体教育质量的均等化，从教育起点公平延伸到教育过程和教育结果的全面公平。家庭教育投入涵括了家庭教育场域的各个环节，对教育过程公平、教育质量均等化产生关键的影响作用。

目前，国内对于教育公平的群体差异（教育不平等）主要有两种解释。第一种是制度性的解释，此种视角强调制度设计和教育政策的影响导致不同的教育机会分配。例如，户籍制度造成的城乡分割的二元结构导致了我国城市和农村在教育资源和教育机会配置的显著差距。相对城市而言，农村教育经费更加紧缺，教学条件更差，教师队伍结构更不合理、师资水平更低、流动性更大。第二种是家庭背景的解释，此种视角强调家庭社会经济地位差距造成的家庭拥有的经济资本、文化资本、政治资本以及社会资本的差异，并进一步造成家庭教育投入的差距，从而影响不同家庭子女是否能够获得相同的教育机会。

二　制度设计与教育公平

在中国，教育公平的理想古已有之，如孔子主张"有教无类"。但从历史上的制度设计来看，传统社会一直都不是一个实现了教育平等的社会。儒家思想十分重视教育的作用，"学而优则仕""金榜题名"成为寒门学子坚守的传统信条，"以学取士"的科考制度使社会中下层或者底层出身的人获得了向社会上层流动的机会，但是这种“朝为田舍郎，暮登天子堂”“鱼跃龙门”的理想只能在少数人身上实现，受教育也只是少数人的权利，占人口大多数的贫穷百姓仍然是文盲半文盲的。因此从结果上看，传统考试教育基本成为保护富裕阶层的制度设计（Knight & Shi，1996）。

新中国成立后，受到马克思主义教育理论和追求公平、公正的社会主义理想的影响，新中国的教育政策体现了强烈的“平民意识”，国家通过多种教育途径促进工农群众接受教育（杨东平，2006）。国家采取了多种措施打破传统上层阶级的教育优势，例如增加学校数量、丰富教育形式、强调家庭出身等。此时的升学政策非常强调家庭阶级出身和政治标准，工农兵子女享有受教育的“优先权”（杨东平，2006）。长期来看，基于家庭出身的政治评价原则是以限制或者牺牲一部分群体（阶级出身不好）的利益来使另一部分群体（工农大众）获益，并没有保障所有公民享有平等的教育权利和教育机会。

改革开放以来，中国经济发展取得巨大成就，教育制度得以重新调整，教育事业获得长足进步，教育公平的整体状况也得到不断改善。“文化大革命”之后，国家重新建立起以考试制度为核心、以学习能力为标准的公平竞争的制度，消除了对血统及家庭出身的教育歧视（杨东平，2006）。经过多年推进教育公平的努力，我国各级教育规模显著扩大，九年义务教育逐渐得到全面普及，我国高等教育自 1999 年高校扩招以来也逐渐实现了由精英化到大众化再到普及化的转变。2020 年 5 月教育部发布的《2019 年全国教育事业发展统计公报》显示，2019 年我国学前教育毛入园率达到 83.4%，小学阶段的净入学率达到 99.9%，初中、高中和高等教育各阶段毛入学率分别达到了 102.6%、89.5% 和 51.6%。

不过教育制度设计的改进、教育政策的完善、教育规模的扩大并未消除教育的不平等。党的十九大报告指出：“中国特色社会主义进入新时代，我国社会主要矛盾已经转化为人民日益增长的美好生活需要和不平衡不充分的发展之间的矛盾。”社会发展主要矛盾的变化同样适用于我国教育领域。社会需求与教育供给的矛盾正在由供给总量的短缺性矛盾转变为优质教育供给不足不平衡而产生的结构性矛盾。作为一种稀缺性资源，教育机会的分配内嵌于某一国家特定阶段的基本社会结构，教育规模扩张和教育机会分配是两个独立的过程：前者并不必然导致不同社会阶层能够获得更加平等的受教育机会；正如收入的增长并不必然导致更加平等的收入分配一样，教育机会的增加对于教育不平等状况的改变也不具有本质的意义（吴晓刚，2009）。因此，教育扩张化的改革政策也并未达到推动教育平等化（改变弱势家庭教育劣势）的目的。党的十九大报告进一步指出，要“推进教育公平”“努力让每个孩子都能享有公平而有质量的教育”。

三　家庭背景与教育公平

在教育制度设计之外，在影响子女教育发展的诸多因素中，家庭背景的作用至关重要。子女教育发展的代际传递效应一直是社会学关注的经典话题。研究发现，经济和社会变革所带来的教育机会的增加，也并没有减少家庭背景在个人教育成就取得中所发挥的作用（Shavit & Blossfeld，1993）。最大化维持不平等（Maximally Maintained Inequality，MMI）理论认为，国家教育总量的增加并不会带来各阶层受教育机会的平等化，只有当优势阶层的教育需求达到饱和后，弱势阶层才会享受到更多的受教育机会，从而促进教育公平（Raftery & Hout，1993）。因此，个人能力不是子女受教育成功的唯一决定因素，子女受教育生涯背后关联着一系列家庭社会经济背景。父代受教育程度、阶层和社会经济地位影响着子代学习成绩（比如，GPA、标准化测验结果等）或者教育获得（教育学位的完成）。因此，问题已不是父辈特征是否会影响学生教育成功，而是影响的程度究竟是多少。有效维持不平等（Effectively Maintained Inequality，EMI）理论则进一步指出，教育不平等包括“数量”（总体教育机会）和“质量”（例如学校等级或学制轨道）两个方面，虽然教育扩张带来总体教育机会的增加，但优势阶层在高质量层面的教育中占据更大优势，因此教育扩张并不能真正实现教育公平（Lucas，2001）。

MMI 和 EMI 的理论观点得到了来自中国经验的支持，中国教育获得的阶层差异一直非常明显（李春玲，2003，2010；吴晓刚，2007；刘精明，2008；吴愈晓，2013a，2013b；李煜，2006）。改革开放以来，随着中国教育规模的扩大，教育事业迅速发展，城乡居民的受教育水平也逐年提高，但是教育公平问题并未得到彻底解决。教育学历的获得取决于竞争性考试的成功，这又受到个体自然能力和人力资本的影响（Knight & Shi，1996）。父母受教育水平高的孩子更有可能继承这种自然能力，同时有更多的机会获得学校教育之外的人力资本，如学习倾向、学习资源，这也验证了“文化资本”和“文化再生产”的理论（Bourdieu & Passeron，1990）对于中国现实的有效解释力。随着教育的市场化和市场经济下教育的商品化，贫困家庭承受的教育负担反而日益加重。有研究发现，在市场化改革后教育扩张的时代，弱势家庭子女教育获得的劣势并未得到有效改善，父亲社会经济地位对入学情况的影响反而得到了加强（Wu & Zhang，2010）。除了教育获得外，优质教育资源的享有机会也受到家庭社会经济背景的影响。方长春和风笑天（2008）基于南京市各级各类学校学生家长的研究发现，不同阶层子女就读学校在类型上的差异是显著的，有较好阶层背景者在较好的公办学校和民办学校就读的概率要大于阶层背景较差者。吴愈晓（2013a）通过分析 CGSS 2008 年的数据发现，家庭社会经济地位越高的学生，越有可能进入重点学校，而前一阶段在重点学校就读对获得下一阶段重点学校教育机会又会产生重要的累积优势影响。

除了家庭阶层背景，教育不平等领域的研究证实教育获得还存在性别、民族、城乡和地区上的差异。在城乡户籍方面，中国长期存在的城乡分割的“二元结构”，导致城乡之间教育资源（例如，教育经费、学校数量与质量、教育基础设施、师资水平等）存在巨大差异。Knight 和 Shi（1996）认为，中国长期的“城市偏重”政策使更多的城市人口优先获得教育和其他公共服务。城乡之间的制度性区隔成为农村户籍人口在教育获得上处于劣势的重要原因。与城市孩子相比，农村孩子想要升入中高等教育需要克服更多的障碍（李春玲，2003）。吴愈晓（2013b）使用 CGSS 2008 年的数据检验了户籍对不同教育阶段入学机会的影响及在 1978～2008 年的变动趋势，这一研究表明，城乡家庭的子女在初中升学机会上的差异仍旧存在，在高中和大学升学机会上的差异呈更明显扩大趋势。吴晓刚（2009）基于 1990 年和 2000 年人口普查的样本数据，针对 20 世纪 90 年代中国经济改革过程中教育分层的研究发现，农村地区落后的经济发展水平对入学率产生了不利影响，农村户籍子女的受教育状况相比于城镇同龄人来说变得更差。

在地区方面，Hannum 和 Wang（2006）基于中国 2000 年的人口普查数据，通过分析出生省份和教育获得之间的联系，发现由省份差异造成的受教育年限差异开始于 20 世纪 60 年代早期，自此之后，地域对教育分层施加的影响不断加大。教育不平等的地区差异主要是由各地区的不均衡发展造成的。从经济发展层面上，政府的发展战略、教育投入、转移支付、资本投入、劳动力转移，以及各地区的市场化程度和基础设施建设等都对地区经济增长和地区差距造成显著的影响（魏延志，2012）。而且自20世纪90年代以来，地区差距呈现持续扩大的趋势（边燕杰等，2006）。此外，教育的地方财政支持力度在发达地区与欠发达地区之间存在着很大差异。张炜和时腾飞（2009）通过对中国省与省之间各级教育的总经费支出基尼系数和事业经费支出基尼系数进行测算和比较，发现区域教育支出的差异是导致区域教育发展不均衡的重要原因。

在民族方面，与Hannum（2002）的研究不同，洪岩璧（2010）通过对2004年中国西部抽样调查的数据进行分析后发现，基础教育阶段入学的族群差异主要是由城乡差别和阶层不平等造成的，族群不平等并不显著。在教育获得的民族差异的解释中，民族价值观作为一个独立的概念也应该引起注意。人类学的研究认为，如果学校体系和少数民族群体自身的文化不相适应或者他们不认可教育的回报，那么他们就会对教育持负面的态度（Hannum，2002）。这反映了少数民族特殊的文化和历史因素对他们教育观念的影响。

第二节　家庭教育投入的宏观社会背景

前一节已经谈到，教育公平与社会公平紧密相联。社会阶层结构、资源配置和利益分配机制的差异导致了教育不平等的出现。本部分将介绍与家庭教育投入相关联的宏观社会背景，这些背景包括了中国的经济与文化转型、人口与社会变迁、制度与政策演变等，它们通过影响家庭层面的变量，进而影响家庭子女的教育投入和教育获得。

一　市场化与现代化转型

传统的发展社会学将发达国家的现代化和拉丁美洲、非洲和东亚模式作为主要研究对象，形成了“现代化理论”和“发展理论”，而“社会转型理论”则关注中国、苏联、东欧等社会主义国家转型过程的特点（孙立平，2008）。“社会转型”意指社会从传统型向现代型的转变，或者说由传统型社会向现代型社会转变的过程，是从农业的、乡村的、封闭的半封闭的传统型社会，向工业的、城镇的、开放的现代型社会的转变（郑杭生，2009）。这种“现代化”的社会转型是一场系统性的变革，它是以现代工业、科学技术革命为推动力，农业文明转向工业文明、传统农业社会转向现代工业社会，使工业主义渗透到经济、政治、文化、思想各个领域并引起社会组织和社会行为深刻变革的过程（罗荣渠，1993：16）。家庭是社会的基本单位，社会的转型发展影响着家庭行为和家庭策略的变化。子女教育作为重要的家庭行为，必然会打上社会转型的烙印。

改革开放以来，中国社会开始经历深刻的社会转型。由计划经济体制向市场经济体制转变的市场化改革，推动了中国社会的快速现代化。这场社会转型的重要影响首先表现为国家经济实力的增强和家庭经济水平的迅速提升。市场化的改革推动了中国经济的高速增长（樊纲、王小鲁、马光荣，2011）。国家统计局数据显示，1978 年，我国国内生产总值只有 3679 亿元，2017 年突破 80 万亿元。按不变价计算，2017 年我国国内生产总值比 1978 年增长 33.5 倍，实现了年均 9.5% 的高速增长。[①] 中国经济总量占世界的份额由 1978 年的 1.8% 提高到 2018 年的 15.9%。1978 年中国经济总量仅位居世界第 10，2010 年则超越日本成为仅次于美国的世界第二大经济体。[②]

中国经济的高速增长也使中国城乡家庭收入水平和财富水平显著提高。国家统计局网站数据显示，2017 年全国居民人均可支配收入为 25974 元，扣除价格因素，比 1978 年实际增长 22.8 倍，年均实际增长 8.5%。[③] 但与此同时，我国民众的收入不平等整体上却呈扩大趋势。World Bank（2013）对中国近 30 年基尼系数的汇总结果显示，中国居民收入的基尼系数由 20 世纪 80 年代初的 0.30 左右上升至 2000 年之后的 0.45 以上。国家统计局 2020 年《中国住户调查年鉴》数据同样显示，自 2003 年以来，我国居民收入的基尼系数一直保持在 0.46 以上，在 2008 年达到峰值（0.491），2019 年为 0.465（见图 2－1）。按照国际一般标准，0.4 以上的基尼系数表示收入差

① 《改革开放 40 年经济社会发展成就系列报告》，http://stas.gov.cn/ztjc/ztfx/gglf40n/201808/t20180827_1619235.html，最后访问日期：2021 年 4 月 10 日。

② 《改革开放 40 年经济社会发展成就系列报告》，http://stas.gov.cn/ztjc/ztfx/gglf40n/201808/t20180827_1619235.html，最后访问日期：2021 年 4 月 10 日。

③ 《改革开放 40 年经济社会发展成就系列报告》，http://stas.gov.cn/ztjc/ztfx/gglf40n/201808/t20180827_1619235.html，最后访问日期：2021 年 4 月 10 日。

距较大，即 0.4 是国际公认警戒线。与此同时，我国财产不平等的程度甚至比收入不平等更加严重，北京大学中国社会科学调查中心“中国家庭追踪调查”（CFPS）数据显示，我国的家庭财产基尼系数由 1995 年的 0.45 上升至 2012 年的 0.73，顶端 1% 的家庭占有全国 1/3 以上的财产，底端 25% 的家庭拥有的财产总量仅占 1% 左右（谢宇、靳永爱，2014）。

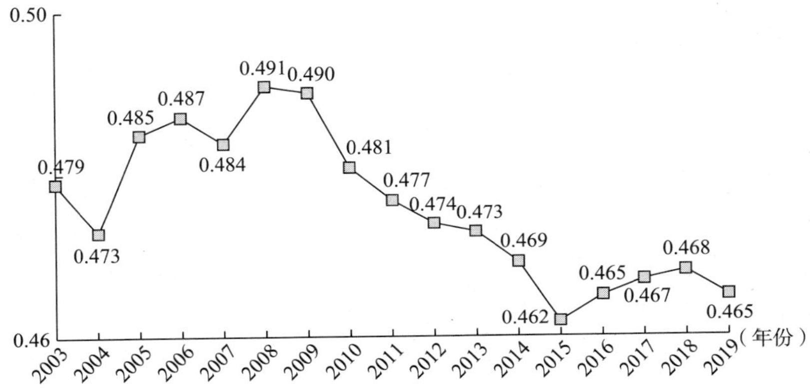

图 2－1　2003～2019 年中国居民人均可支配收入的基尼系数

数据来源：《中国住户调查年鉴》，https://data.cnki.net/trade/Yearbook/Single/N2020120302？z＝Z007，最后访问日期：2021 年 1 月 30 日。

中国由传统型社会向现代型社会的快速转变从经济和文化两个方面对家庭教育投入产生影响。首先，中国经济高速增长、家庭收入水平普遍提高带来了家庭教育支付能力和水平的迅速提高。Nee（1989）的研究认为，市场化改革的推进提高了人力资本回报率。人力资本回报率的提升大大激发了家庭对教育投资的热情，家庭教育的投资数额也得到迅速增长。同时，在社会转型时期，个人和家庭教育投资行为发生了显著变化。家庭对人力资本的支出成为一种市场导向和发展取向的理性投资行为，家庭的教育需求由义务型、标准化、单一性转向自主型、个性化、多元性（中国教育与人力资源问题报告课题组，2003：44）。但是现代化的转型并未解决教育不平等问题。现代化/工业化假设（modernization/industrialization hypothesis）提出，随着现代化或者工业化的推进，先赋性特征对个人教育成就的影响将会逐渐减弱，教育的获得或者分配会趋于平等（Treiman，1970）。这一假设并没有得到普遍性的验证。有研究发现，现代化减小了教育获得的性别差异，但是家庭背景、族群等因素导致的教育获得不平等依然明显（Hannum & Wang，2006）。

市场化背景下，不同家庭的教育投资能力和程度存在显著差异，教育投资差异又最终加剧了教育不平等。在国家实行高校扩招的教育政策以后，大学生数量迅速增加，导致人力资本回报率降低，文凭贬值，出现了“读书贵”“就业难”等社会现象，这引起了人们对教育价值的质疑，甚至出现“读书无用论”的说法。

另外，在社会转型时期，制度、文化规范也经历着从传统向现代的演变。例如，传统中国是一个宗族社会，尊奉父子相承的继嗣原则，“父，至尊也”，宗族中的所有女性都是男性的附庸。随着社会的转型，中国家庭的宗族观念逐渐淡化，女性在家庭中逐渐获得了与男性平等的权利和地位。历史上，中国还是一个父权制社会，是以男性话语为中心的国家。随着现代化的转型，中国传统父权制文化对家庭教育观念的影响在降低，重男轻女的传统的性别观念逐渐让位于男女平等的社会共识。例如，吴愈晓（2012）的研究发现，伴随着现代化进程，中国城乡居民教育获得的性别差异（男性享有教育获得上的优势）呈现逐年缩小的趋势，但是这一转变尚未完全实现。他的研究同时发现，教育获得的性别不平等程度仍受到城乡户籍、社会经济地位和兄弟姐妹人数的影响，而这些差异则主要是由于不同社会群体所具有的不同父权制观念或传统性别角色观念造成的。具体来说，对传统的性别角色观念认同感越强烈的家庭，教育中“重男轻女”的思想会越严重，在教育资源有限的情况下，女儿更容易遭受教育投入上的差别对待。

二　人口转变

伴随着现代化转型，中国人口转变的进程同时发生。人口转变（demography transition）是指人口由高位静止状态即高出生率、高死亡率和低增长率转向低位静止状态即低出生率、低死亡率和低增长率的过程（李建新，2009：10）。新中国成立以后，中国人口在20世纪五六十年代经历了快速增长的时期，70年代以来中国人口出生率迅速下降，到90年代后期，大部分地区已经进入了低出生率、低死亡率、低增长率的“三低”阶段。由于国家人口政策的有力干预和计划生育工作的全面开展以及快速的经济发展和急剧的社会变革，在短短的50年中，中国经历了西方国家历时百余年方能完成的人口转变。稳定的低生育水平大幅降低了新生儿数量以及其后的学龄人口数量，对比我国“六普”和“五普”数据可以发现，2010年我国5~9岁人口总量为4031万人，比2000年5~9岁人口总量较少了4984万人。2010年我国10~14岁人口总量为4210万人，比2000年10~14岁人口总量较少了8330万人（见图2-2）。学龄人口数量的下降减轻了在校学生的升学压力，有利于办学条件的改善和教学质量的提高（郑真真、吴要武，2005）。

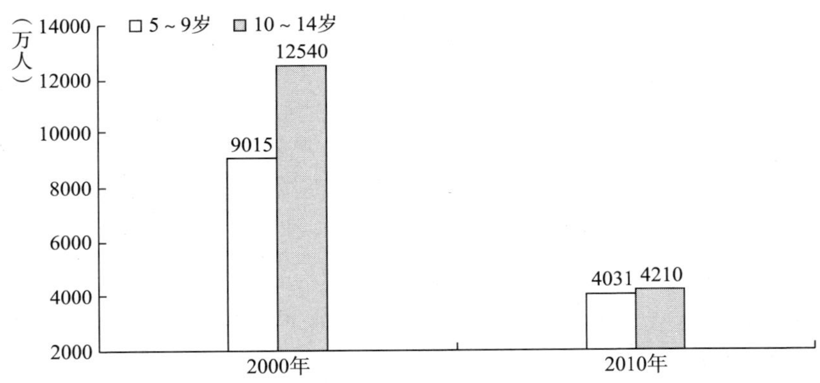

图2-2 2000年到2010年我国5~14岁人口总量的变化

在家庭层面，中国人口转变的趋势影响了“家庭子女数”这一重要家庭背景变量，子女数量的减少和家庭规模的缩小使父母更有能力增加在子女教育方面的投入，传统的男女有别的教育投资策略也在发生改变。叶华和吴晓刚（2011）的研究指出，自1970年以来，中国的生育率持续下降，在家庭层面上表现为兄弟姐妹数的减少，也影响了兄弟姐妹的构成，进而影响了家庭对子女教育的投资以及性别间的教育差异。对于其中的具体影响机制，他们给出的解释是：在给定的家庭经济收入条件下，夫妇的子女数量越少，他们在子女教育投资上就越宽裕，同时，父母也不必采取重男轻女的教育投资策略，从而有利于缩小男女间的教育差距（叶华、吴晓刚，2011）。在计划生育政策下，传统家庭结构也发生了重大变化，出现了大量的独生子女家庭，家庭对女儿赋予的角色期待也发生了很大改变。人口转变的社会现实逐渐改变了传统的家庭生育观念和性别观念，传统的追求多育、男孩偏好的生育养育观念逐渐转向控制数量、追求质量、无性别偏好的现代生育养育观念。

资源稀释理论认为，家庭资源总量是有限的，家庭中孩子数目越多，每个孩子分配到的父母资源就越少（Blake，1981；Downey，2001）。张月云和谢宇（2015）使用CFPS 2010年的数据中10~15岁的儿童样本对资源稀释理论进行了验证，证明了儿童获得的各项家庭教育资源随着兄弟姐妹数的增多而减少。在传统社会的大家庭中，每个家庭内的有限资源往往被较多的兄弟姐妹共享，而低生育率带来的是越来越多的孩子可以独享或者与非常少数的兄弟姐妹分享父母的经济投入、父母参与、家庭环境等各类教育资源。

三 城乡及地区差异

（一）城乡差异

城乡结构差异是发展中国家在工业化进程中普遍存在的现象，通常指的是由于现代工业部门与传统农业部门两个经济部门存在差异，从而导致城乡二元经济结构的出现（刘易斯，1989：7~11）。中国城乡结构的“二元”特征更加典型，比其他发展中国家表现得更为突出。中国的“城乡二元”，不仅指城乡二元经济结构，也指城乡二元社会结构，还体现了城乡关系的二元性，农村附属于城市。中国的城乡二元结构体制源于新中国成立后我国实行的计划经济体制，其核心是城乡户籍制度，国家明确将居民区分为农业户口和非农业户口两种不同户籍身份，并在此基础上构建了几十种相关制度安排，如粮油供应制度、劳动用工制度、社会保障制度等。这种制度设置把城市与农村人为分割，使非农业户口附带了各种特权和福利，形成了城乡不对等的二元经济社会结构。因此，中国的城乡结构二元差异不仅是一种自然空间结构的差异，也是一种产业结构和经济结构的差异，更是一种国家政策主导下的制度设置的差异。

改革开放以后中国经济与社会快速发展，尤其是随着近些年城乡发展战略的调整以及国家一系列惠农政策的实施、对农村投入力度的持续加大，农民收入的增长速度从2010年开始已经超过了城市居民收入的增长速度，但城市家庭的收入仍然是农村家庭收入的2倍多（见图2-3）。而如果将城市居民的一些隐性收入项目（如一些实物性补贴）计入居民收入统计中，则城乡家庭收入差距将会比现有文献的讨论结果要高得多（李实、罗楚亮，

2007）。此外，城乡之间在医疗、养老、教育、就业、卫生、基础设施等方面仍存在较明显差距，城乡二元体制的沉疴痼疾还未从根本上清除。相较于其他社会结构，迄今为止，城乡二元结构的改变仍旧是最为迟缓、最为艰难的。

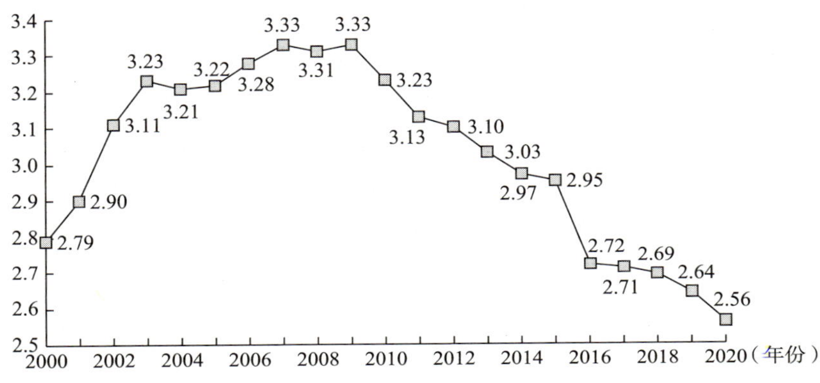

图 2－3　2000～2020 年我国城乡居民收入比

数据来源：2000～2020 年《中国统计年鉴》。

近年来城乡居民之间的收入水平和消费水平不断趋近，但是差距仍然很大。国家统计局《2020 年国民经济和社会发展统计公报》显示，2018 年城镇居民人均可支配收入和人均消费支出分别为 43834 元和 27007 元，农村居民人均可支配收入和人均消费支出分别只有 17131 元和 13713 元。此外，农村家庭的恩格尔系数始终高于城市家庭，说明农村家庭的消费质量始终低于城市。由于农村产权制度不健全、城市房价飙升等多种因素影响，我国城乡居民财产差距近年来有扩大趋势，农民财产性收入无论是绝对数量还是增长速度都远低于城镇居民。经济日报社中国经济趋势研究院 2018 年 12 月发布的《中国家庭财富调查报告（2018）》表明，2017 年城镇家庭人均财富是农村家庭人均财富的 3.27 倍，在房产净值上二者差距更大，城镇居民房产净值达到农村居民的 4.43 倍。

正是由于城乡二元差距，虽然中国家庭普遍重视教育，但城乡家庭和农村家庭的子女在学业成就和教育获得上始终存在显著差异。城市和农村在教育经费投入、学校数量、硬件设施、师资力量、教学环境与质量等教育资源配置上仍存在较大差距，在教育政策上遵循城市优先发展，造成城乡教育质量与城乡居民受教育机会的不均衡。历史上积淀形成的城乡二元差距，使农村教育发展整体还十分薄弱，并面临着农村学校布局不尽合理、出现大量“空心学校”、教育资源整合不够协调、优秀教师流失严重、农村留守儿童和低龄寄宿儿童教育和心理问题凸现等一系列新问题。

国内关于教育不平等的研究文献主要从“制度分割”角度分析城乡教育分层的原因，强调户籍身份对城乡家庭之间教育机会不平等的影响。李春玲（2003）的研究认为，中国长期存在的城乡分割的二元结构，导致城乡之间教育资源（教育经费、教育设施和师资等）呈现巨大差异。与城市孩子相比，农村孩子想要升入中高等教育院校需要克服更多的障碍。吴愈晓（2013a）的研究同样指出，在教育资源的分布方面，农村地区在教育资源如学校数量和硬件设施以及师资条件等方面远远落后于城镇地区，而且城市的级别越高，教育资源越丰富，重点学校的分布也更密集。吴晓刚（2009）基于1990年和2000年人口普查的样本数据，对20世纪90年代中国经济改革过程中教育分层的研究发现，农村地区落后的经济发展水平对入学率产生了不利影响，这主要由于自1978年以来农村实行家庭联产承包责任制，农村家庭希望孩子们辍学务农或务工以增加劳动力。

杨东平（2006：12）认为，导致我国教育不公的制度性因素，突出表现在教育资源和教育机会的公平配置上。城乡二元的社会结构仍旧是影响我国教育资源和教育机会配置的重要制度性因素，是影响我国教育公平最基本的制度结构。这种城乡分治的二元格局，成为凝固、扩大城乡和地区教育差距的基本制度。

实际上，除了支付能力和教育资源方面的差异，城乡家庭的差异还体现在文化观念、教养行为等诸多方面。中国是一个城乡观念差异较大的国家，文化观念上的差异影响到了城乡家庭对教育的不同看法。一方面，农村地区是相对落后和闭塞的地区，“传统的乡土中国，大体上是一个只有语言，没有‘文字’的社会”（费孝通，1985：20）。受传统影响更多的农村家庭在教育上的保守倾向也会更严重。另一方面，由于受到城乡二元教育体制和教育资源分布不均的影响，农村孩子获得高等教育机会的希望很小。教育获得的机会成本较大使“生存理性”（斯科特，2001）下的农民更容易在教育的收益和成本之间做出功利性的衡量。城乡家庭的父母在受教育水平、生活方式与习俗、子女多少、亲子观念等方面也存在较大差异，这些差异导致了城乡父母在教养方式上的差异。张文新（1997）在比较了中国城乡两种文化背景下初中阶段父母教育方式的差异后发现，城市青少年父母在对子女情感温暖与理解方面的一致性上极显著地高于农村青少年的父母。

（二）地区差异

中国幅员辽阔、人口众多，地理环境、自然资源、人文素质以及历史沿袭的经济基础在不同省份间的分布存在较大差异，这也使各省份的经济发展速度及生活水平相差很大（张健，2010）。政府的发展战略、教育投入、转移支付、资本投入、劳动力转移，以及各地区的市场化程度和基础设施建设等都对地区经济增长和地区差距造成显著的影响（魏延志，2012）。自21世纪初以来，虽然我国实行了“西部大开发”、“振兴东北老工业基地”和“中部崛起”等一系列发展战略，但是我国区域经济发展水平差异大的现实并未得到彻底改变。而且自20世纪90年代以来，地区差距呈现持续扩大的趋势（边燕杰等，2006；樊纲、王小鲁、马光荣，2011）。地区间不同的经济发展水平导致了各地在公共教育供给能力上的差异，扩大了地区间的教育资源差距，并最终导致不同地区在教育发展水平上的差距。

此外，不同地区财政支持力度的不同加剧了地区教育发展的不平衡，教育的地方财政支持力度在发达地区与欠发达地区之间存在着很大差异。自20世纪80年代起，中国的教育体制改革使地方政府在教育投入中的作用越来越重要。各级地方政府财政能力的巨大差异决定了教育投入的地区不均衡。笔者的一篇文章比较了我国当前普通小学、普通初中和普通高中生均教育经费的支出情况，发现我国东部、中部、西部三个地区不同基础教育阶段的生均教育经费均呈现逐年增高的趋势，但中西部地区仍旧落后于东部地区（刘保中，2018）。

中国独特的行政治理模式导致地方政府对教育等公共服务的供给不足，这在经济欠发达地区表现得更为明显。Li 和 Zhou（2005）使用1979～1995年省级官员的面板数据，对于省级地方官员的升迁与经济绩效之间的关系进行了实证研究，其研究结果有效地证明了中国地方官员晋升与GDP增长之间的显著而系统的关联。有些地方政府官员热衷于GDP及相关经济指标的排名，只关心任期内的经济指标的高低，由于教育投入需要在较长时期内产生影响，与短期的经济增长没有直接的关系，因此也往往被有些地方政府官员所忽略（周黎安，2007）。吴晓刚（2010）认为，20世纪90年代早期进行的教育财政改革即“教育财政的地方化”政策使有些地方的政府更倾向于将资金投放在那些能快速获得利润并且产生税收的项目上而非为教育事业提供资金支持，贫困地区（尤其是农村贫困地区）的政府更加无力提供充足的教育资源和教师工资等。

中国的高考录取制度实行统一考试下的分省份按计划集中录取，各省份的录取人数并非依照考生数目平均分布的。分省份录取导致大学招生的严重“地方化”和教育资源分配在地区间的严重失衡，上大学的机会系统地向高等教育资源富集地区倾斜，大学越多的地区上大学的机会越多，大学越少的地区上大学的机会越少（夏佑至，2014）。地区间的优质教育机会差异更大，由于中国的部属高校多采用省部共建的方式，地方政府的配套资金是当地部属高校的重要经费来源，高校给予的回报就是提高所在省份学生的招收比例。

为了平衡地区间优质教育资源，教育部明确要求各高校要合理确定各省份的计划，严格控制属地招生比例，2008 年教育部办公厅《关于做好 2008 年全国普通高等学校分省分专业招生计划编制和管理工作的通知》指出，部属高校招生要遵循“生源质量为主，兼顾地区平衡”的原则，属地招生比例要逐年逐步调整至 30% 以内，各校要加强区域间计划调整的统筹与互补，保持区域间的相对稳定和均衡。尽管如此，重点高校的录取不公平现象仍未得到根本缓解。以“985 工程”高校为例，图 2－4 中的 9 所“985 工程”高校在 2012 年的本地生源比例仍旧较高，只有 3 所大学在 20% 以下，而“985 工程”高校在本地以及有“985 工程”高校的地区的招生份额占绝大多数，而仅将不到 30% 的机会留给了 13 个无“985 工程”高校的省份。①

四　教育政策变迁

教育政策是“一个政党或国家为实现一定时期的教育任务而制定的行为准则”（袁振国，1996：115）。作为实现整个国家教育发展目标的重要手段，教育政策本身承载了非常明确的价值取向，因而也具有一种十分重要的引导功能（谢维和、陈超，2006）。除了具有教育价值观念的引导作用之

① 13 个无“985 工程”高校的省份分别是：山西、河北、河南、江西、云南、贵州、海南、青海、西藏、内蒙古、广西、宁夏、新疆。

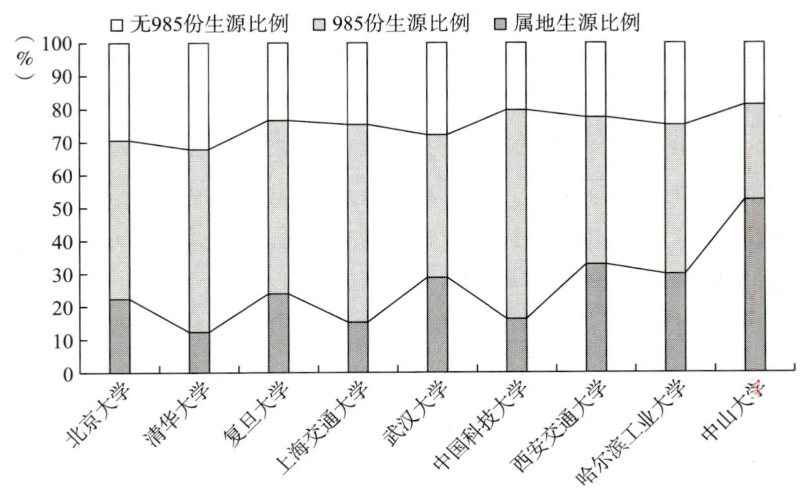

图 2-4　2012 年 9 所“985 工程”高校高考录取率情况

资料来源：杨江华，2014。

外，教育政策也是一种重要的教育资源的配置原则，影响着社会教育资源的分配和家庭教育资源的获取（谢维和、陈超，2006）。因此，国家和地区教育政策的变迁也会对家庭教育过程产生重要的影响。

随着国家经济社会的发展，中国不同教育阶段的教育政策在不同历史时期表现出不同的特点。基础教育是提高国民素质的奠基工程，包括了幼儿教育、小学教育以及普通中学教育（包括初中和高中）。在基础教育政策领域，新中国成立后，国家致力于普及九年义务教育。1986 年 4 月，中国颁布实施了《中华人民共和国义务教育法》，明确了“实行九年制义务教育”、“凡年满六周岁的儿童，不分性别、民族、种族，应当入学接受规定年限的义务教育”和“国家对接受义务教育的学生免收学费”等内容。九年义务教育政策的实施，大大减轻了家庭的教育负担，显著提高了义务教育阶段的入学率。但是 1986 年实行的《中华人民共和国义务教育法》将地方政府作为教育投资的主体，并没有明确禁止收取杂费，因此受到地区经济实力等因素的影响，义务教育在城乡及区域之间发展不平衡，很多贫困家庭也无力支付相关费用。2006 年 6 月，修订后的《中华人民共和国义务教育法》，进一步明确了“义务教育是国家统一实施的所有适龄儿童、少年必须接受的教育”和“实施义务教育，不收学费、杂费”等内容。在“十一五”规划期间（2006～2010年），农村义务教育的财政改革免收了所有学生的学杂费，并逐步取消了教科书费用，有针对性地为贫困学生提供寄宿补贴。基础教育中的学前教育由于不属于义务教育的范畴，成为收费项目。即使是在公立幼儿园，学前教育也是收费的，家庭支出成为目前儿童学前教育的主要经费来源，因此，家庭经济支付能力不足往往是儿童早期发展与教育的主要障碍（世界银行东亚及太平洋地区人类发展部、国家人口计生委培训交流中心，2011：34）。

在高等教育政策方面，中国的高等教育经历了由精英化教育向大众化和普及化教育的转变，在高校收费制度改革之前，我国高等教育费用完全由国家和政府负担，学生不需要缴纳任何费用，同时对高等教育实行计划经济模式的管理，毕业生就业全部由政府按计划分配，即“统包统配”“包当干部”。20世纪70年代末，中国实行改革开放，中国的高等教育也开始了市场化改革之路。随着经济体制和市场化改革的深入，教育的市场化改革进程也逐步加快。1989年8月，国家教委、国家物价局、财政部发布的《关于普通高等学校收取学杂费和住宿费的规定》，对新入学的本、专科学生实行收取学杂费制度，这标志着公费和免费的高等教育政策结束。1997年，全国高等学校统一实行“招生并轨”，开始全面实行高等教育的收费制度。教育部、国家计委、财政部联合下发的《关于2000年高等学校招生收费工作若干意见的通知》规定，高等学校的学费占其年生均日常运行费用的比例按25%掌握，未达到25%的可提高到25%。

1993年颁布的《中国教育改革和发展纲要》明确提出，改革高校毕业生就业制度，实行多数学生“自主择业”的就业制度。2000年，教育部决定将毕业生就业“派遣证”改为“报到证”，标志着“双向选择、自主择业”高校毕业生就业制度的正式确立（刘静，2010）。1999年，教育部出台了《面向21世纪教育振兴行动计划》，提出到2010年，高等教育毛入学率将达到适龄青年的15%。扩招政策实施之后，高等教育入学率逐年攀升，高校招生规模急速扩大，大大加速了高等教育的市场化和产业化。中国高等教育自1999年以来的迅速扩张，将中国推向了高等教育大众化的阶段。高等教育的市场化改革和高校扩招政策等因素导致了教育成本增加、家庭教育支出负担加重、教育回报率降低、大学生就业难等诸多现实问题，这些问题很大程度上也引发了家庭投资尤其是农村家庭投资高等教育的信心和选择。

第三章
家庭教育投入的界定与形式

第一节　家庭教育投入的界定

在人力资本投资理论的框架内，家庭教育投入通常被理解为家庭花在子女身上的教育费用，但从广义上理解，家庭教育投入是一个包含了多重面向的概念，既包括了教育支出、物质性投入等货币资源，也包括了教育观念、抚养时间与精力的付出等非货币性资源。

关于家庭教育投入涉及的内容，目前文献主要涉及教育期望、教育投资或者教育支出、父母参与或者教养行为与教养模式等。为建立一个更包容的框架，本研究把家庭教育投入区分为教育期望、教育投资和父母参与三种形式，涉及家庭对子女的物质投入、时间精力投入和情感投入。

第二节　家庭教育期望的界定与分析视角

一　家庭教育期望的界定

在布劳和邓肯（Blau & Duncan，1967）提出经典的地位获得模型之后，家庭背景对于代际流动和社会分层的作用越来越受到关注，此后大量的后续研究对该模型进行了补充和完善。其中，威斯康星学派最早对地位获得模型进行了拓展，该学派提出的模型将期望（热望）等社会心理学的因素纳入模型（Sewell & Shah，1968；Sewell，Haller，& Portes，1969，1970；

Haller & Woelfel，1972；Campbell，1983；Hauser，Tsai，& Sewell，1983），认为父母（家庭）对子女的教育期望在代际流动中是非常重要的解释变量。父辈的教育期望作为中介因素，影响着子女的教育期望和教育获得，并进而影响着子女职业地位的获得和收入水平。“重要他人”的激励成为一个重要影响变量。分层研究越来越关注心理因素和文化因素的影响（Duncan & Featherman，1972）。自威斯康星模型把“教育期望”这一不可忽视的社会心理变量引入社会分层领域的研究之后，教育期望的解释作用就一直受到教育获得研究的重视。父母对孩子具有更高教育期望的家庭，他们的孩子更可能取得较好的成绩和较高的学历。这种影响机制主要通过两个方面来体现：一方面，教育期望通过影响父辈的教育投入，包括增加支付的货币资本以及时间与精力投入（与子代广泛频繁的互动），影响着子代教育获得；另一方面，代际传递价值观和偏好，父母的期待和观念通过家庭社会化影响子代的观念和教育期望，子代习得父辈的行为、态度和观念，子代自身教育期望的提升影响教育获得（Scott-Jones；1995；Gregg & Washbrook，2009；Gutman & Akerman，2008a，2008b）。

国外学者对“教育期望”主要有“educational aspiration”和“educational expectation”两种称谓。前者更指向一种主观愿望，偏理想主义，后者则包含一种基于对实现可能性的判断，偏现实主义（Vryonides & Gouvias，2012），即有“希望获得”和“会获得”之分。依照此种界定，“expectation”更接近“预期”。不过，也有文献认为二者并没有太大区别（Grossman，Kuhn-McKearin，& Strein，2011）。因此，关于“educational aspiration”和“educational expectation”的研究都被纳入教育期望的研究范畴。目前国内该领域的研究文献也没有对二者做出严格的区分，中文一般都译作“教育期望”。应该说中文里的教育期望也含了希望和评估的意思。因此，本研究所指的教育期望也包含了这两个意思。家庭教育期望即家庭对子女的教育期望，在本研究中主要指父母对子女的教育期望。

二　理性选择与家庭教育期望

教育期望所具有的双重内涵也意味着家庭教育期望会同时受到父母理想观念和理性判断的影响。国外文献也主要从两种视角考察教育期望的影响因素，第一种视角以人力资本理论（the human capital theory）和理性选择理论（the rational choice theory）为代表，把父母视作“理性行动者”，他们对子女教育的期望反映着家庭的一种理性算计。这两种理论观点认为，父母会根据自身家庭的客观情况，评估孩子接受教育的可行性以及价值，这种理性的评估决定了家庭教育期望的水平。人们对子女是否接受以及接受多久的教育的选择取决于家庭基于“成本－收益”（cost-benefit）的比较分析，即对教育投资回报程度的评估，当教育的长远预期经济回报高于其他选择（例如放弃读书去从事工作等），家庭就会倾向于投资教育（Becker，1962；Schultz，1963）。因此，教育期望实际上是一种可计算的家庭投资目标，投资的成本包括子女教育的学费、书费等各种花费以及受教育的机会成本，即由于接受教育而放弃的劳动收入，投资收益则可能包括了凭借教育获得学历以及技能从而提高未来的收入等。

教育期望的理性视角解释把家庭客观情况作为理性投资的“预算约束”（budget constraint），其中，家庭社会经济地位是最重要的约束条件（Alexander & Cook，1979）。西方大量的研究发现，教育期望也像教育获得一样，存在社会阶层差异（Kim，Sherraden，& Clancy，2013）。家庭社会经济地位（包括父母受教育程度、职业和经济收入）影响家庭教育期望的中心作用受到广泛关注（Beattie，2002；Garg et al.，2002；Kao & Tienda，1998；Marjoribanks，2005；Teachman & Paasch，1998）。地位获得模型及后来的修正模型对家庭教育期望的阶层差异提供了最初的解释，这种解释把父母的教育期望作为家庭社会经济地位影响子女教育获得的中介变量，家庭阶层背景的优势对家庭教育期望产生十分重要的积极作用。家庭为其子女提供了经济、文化和智力资源，社会经济地位的差异造成家庭资源占有数量和供给能力的差异。高收入家庭比低收入家庭更能够担负起教育的成本和物质保障，如居住条件、学习环境、学习费用等（Coleman，1988）；具有较高受教育程度的父母，更加懂得如何管理子女以获得较好的教育，更容易鼓励他们的孩子参与更多的学校活动，也更可能担负得起参与这些活动的成本（Furstenberg & Hughes，1995）。具有较高受教育程度的父母对教育的偏好通过家庭社会化过程在两代间加以传递和内化（Bourdieu & Passeron，1990）。

教育投资成本是家庭对教育期望进行理性选择的另一个重要影响变量。在预算约束下，家庭子女数量越多，家庭的总体投资成本就会越大。资源稀释理论认为，家庭资源总量是有限的，家庭孩子数目越多，每个孩子分配到的父母资源就越少（Blake，1981；Downey，2001）。这种子女之间的资源竞争行为稀释了有限的家庭资源，从而造成子女数量越多就越不利于子女教育获得的后果。作为一个重要的家庭资源稀释变量，家庭子女数量影响到了家庭教育期望，Kim、Sherraden 和 Clancy（2013）的研究证明，家庭子女数对父母教育期望具有明显的负向作用。

总之，“理性经济人”的视角把家庭教育期望作为父母对于自身资源提供能力的一种收益评估，这种解释的证据最初主要来自国外的数据。从国内研究来看，杨春华（2006）基于乌鲁木齐和长春两市的问卷调查发现，父母社会经济地位明显影响到他们对子女的教育期望，印证了国外文献中的解释。但是该文的局限在于其研究结论是基于地方性样本得出的。

三　文化、制度与家庭教育期望

国外文献从文化观念、社会心理的角度对家庭教育期望提供了另外一种解释。这种视角认为，个体所处的地理环境、文化环境及情感环境等会影响到他们与社区群体中其他人的互动与习得，并进一步影响着他们的主观态度和社会心理，包括他们对子女教育的看法（Reed，2012）。布迪厄的“场域”与“惯习”观点认为，在高度分化的社会里，社会世界是由大量具有相对自主性的社会小世界构成的，这些社会小世界是具有自身逻辑和必然性的客观关系的空间（布迪厄、华康德，1998：134）。“场域”是指在各种位置之间存在客观关系的一个网络（network）或一个构型（configuration）。不同的场域意味着在不同类型的权力（或资本）分配结构中实际的和潜在的处境，以及不同位置之间的客观关系（支配关系、屈从关系、结构上的对应关系等）（布迪厄、华康德，1998：134）。“惯习”则是对应于个体所占据的社会位置的特殊性情倾向（disposition）。不同的场域形塑着不同的惯习，人们的价值观念、性情倾向总是受到社会总体的权力支配关系和社会权力位置的影响。按照这种理论，教育期望就是社会化和情景化建构和发展出来的群体性情或意向。

“贫困文化理论”（the culture of poverty）提供了类似的解释。该理论认为，处于“贫困亚文化”之中的人群享有一种有别于主流社会文化的独特文化观念和生活方式。同时，这种贫困亚文化通过“圈内交往”得到强化并在代与代之间传递（Lewis，1966）。贫困亚文化的出现一方面是因为穷人无法取得主流价值观宣扬的成功而产生的失望情绪，另一方面则是因为一部分穷人心甘情愿生活于自己的文化圈之中。根据贫困文化理论，家庭低水平的教育期望是经济贫困、相对隔离的人群对其所在的生活世界接触和感受的后果。

社会心理的解释视角指出了不同社区文化规范对家庭教育期望可能造成的影响，不同国家、同一国家内部的不同地区以及族群都可能具有不同的家庭教育期望。对教育期望只考虑理性选择解释的单一逻辑无疑忽视了不同地域（城乡、地区）、不同族群、不同观念的家庭所可能存在的文化差异性。由于受到文化观念和社会心理的影响（Kao & Tienda，1998；Roscigno，Tomaskovic-Devey，& Crowley，2006；Li & Tsang，2003），家庭教育期望不应该只是家庭阶层背景和资源可及的产物。教育期望反映了家庭对通过教育可以获得成功的积极或消极态度。由于地理位置和制度安排的影响，不同的群体面临着不同的制度性或结构性的机会。由于制度性或者结构性不平等，并非所有群体都能够通过主流社会宣扬的"成功学"成为人生赢家。正如主流的文化影响着主流群体的教育期望一样，特殊社区文化观念同样会形成有别于主流群体关于教育的看法。

中国和西方具有迥异的历史和文化传统，根据文化观念和社会心理的解释视角，对中国家庭教育期望的研究应考虑中国文化、族群和制度的特殊性。在持有不同教育观念和教育价值观的文化规范或者文化环境里，教育期望水平是不一样的。"万般皆下品，唯有读书高"，中国传统儒家文化尊崇教育的历史传统和普遍社会心理也有可能使不同社会阶层的家庭表现出高教育期望，从而导致西方文化背景里教育期望的社会阶层差异成为一种不确定性的结论。例如，有学者对同为儒家文化影响下的台湾地区的研究发现，家庭对子女的教育期望较少受到背景因素的影响，出身背景不佳的家庭，也会对子女产生高期望（周裕钦、廖品兰，1997）。龚继红和钟涨宝（2005）基于湖北省随州市农村家庭的调查研究也发现，当地农村家庭不会因为经济状况的好坏而提高或降低对子女的教育期望。

传统中国还是一个浓厚父权制文化影响下的国家，传统的儒家意识形态对不同性别具有不同的角色期待，女子总是处于附属性的角色，"男主外，女主内"，"女子无才便是德"。中国传统的父权制文化并不鼓励女子获得教育，这种观念认为女性在家庭和社区生活中，首先被赋予未来做母亲和妻子的角色期望，无须接受教育（吴愈晓，2012；Zhang，Kao，& Hannum，2007），养儿防老的传统父权制家庭结构将对儿子教育的投资视为一种未来的保障（Hannum，2003）。Zhang 等研究了中国农村母亲对子女教育期望的性别差异，发现具有传统性别观念的母亲，其教育期望更容易表现出男孩偏好（Zhang，Kao，& Hannum，2007）。由于女孩最终要脱离家庭以及在劳动力上的弱势，加上传统父权制观念的影响，对女孩的高教育期望既是不经济的，也是不符合文化习俗的。因此，传统中国家庭对子女教育获得的教育期望在不同性别的子女之间是有差异的。当前过高的出生性别比（“六普”数据为 118.06）也从某一侧面反映了这种传统性别观念的存在。

中国目前正处于转型时期，生育观念的转变是向现代化转变的一个部分。传统和现代两种不同的生育观和养育观并存，传统生育观和养育观依然影响着家庭教育观。传统生育观下的家庭，追求多育、早生早育，重视数量而轻质量（教育是一个重要指标），而现代生育观则强调数量调控、无性别偏好、优生优育（赵文琛，2001；吴忠观、刘家强，2003），贝克尔（Becker & Lewis，1973）提出，家庭对孩子质量需求的增加势必减少对孩子数量的需求，而对孩子数量需求的增加又会降低对孩子质量的需求，现代家庭对孩子质量的重视代替了对孩子数量的追求。传统生育观下的家庭，更倾向于追求孩子的数量，而且往往以放弃孩子的质量来换取孩子的数量（罗淳，1991），同时，这种生育观下的家庭对子代的质量投资也容易表现出男孩偏好。

中国是一个城乡二元差异较大的国家，文化观念上的差异影响了对教育的看法。Knight 和 Shi 认为，基于教育回报的判断影响着教育的需求（Knight & Shi，1996），传统社会家庭举家投入教育的初衷是寒窗苦读后得功名，“朝为田舍郎，暮登天子堂”，科举考试改变了古代读书人的命运。而现代教育的结果对改变个人命运的作用大大降低，尤其是近些年中国高等教育扩张降低了学历在市场上的价值和教育回报，而教育市场化又使教育成本激增。当面对回报机会很少的某种投资时，人们往往会认为这种投资是“没有用”的。因此，农村家庭对孩子质量的人力资本投资并不缺乏初始的积极性（董海军、风笑天，2003），但是这种积极性是建立在极强的可实现判断基础上的，如果子女能够考上大学，农村家庭“砸锅卖铁”也会供子女上学，而一旦父母判断读书无望，农村家庭往往会有“读书不行还不如早点儿回家挣钱”的心态。[①] 辍学率反映的不单是教育绝对成本的经济影响，也是一种农村家庭的特殊观念。农村社区里的人面对实际问题，具有自己特殊的文化工具箱（cultural tool boxes），嵌入对农村地区发展历史的这种观念思维，是一种“生存理性”下的惯习，即使经济状况得到了改善，这种历史习惯思维依然会顽固地发挥作用。例如，《中国教育报》2006年5月9日的《农村辍学率为何反弹?》一文报道了农村地区辍学问题的出现并不仅仅是由于物资贫乏。对读初三的孩子的调查发现，绝大多数孩子并不是不想读书，而是不想在“慢班”读书。询问他们原因，都说是中学分快慢班，而自己分在了慢班，感觉无望。再追问为何无望，所有人都说，教师们对这部分学生不论是在基础学科教育上，还是在思想教育上，都降低了要求，认为多学与少学对他们的人生都没有多大的影响，读完三年后，反正都是一样外出务工挣钱。

中国还是一个多民族的国家，不同民族对待教育重要性的看法也是有差异的。教育期望的民族（族群）差异已被诸多研究所证实（Kao & Tienda，1998；Goyette & Xie，1999）。奥格布等基于对美国黑人与白人教育期望差异的研究，认为收入的族群歧视促使劣势族群对于教育回报率的低估，教育和职业实现机会上的结构和社会阻碍造成了一种低看教育期望的文化观念，他们并不一定认为教育水平的提升能够带来太多个人经济上的成功（Fordham & Ogbu，1991；Ogbu，1991）。有人类学研究也认为，如果学校体系和少数族群自身的文化不相适应或者他们不认可教育的回报，他们就会对教育持负面的态度（Hannum，2002）。而文化观念相互感染的“邻里效应”（neighbourhood effects）（Oketch，Mutisya，& Sagwe，2012）也有可能造成封闭地区的家庭受到文化习俗的规范作用。

对以往研究文献的梳理表明，家庭教育期望既受到理性选择的影响，随着家庭社会经济地位和子女数量不同而表现出差异，也受到特殊的社区文化观念的影响，这种文化观念上的差异可能是历史文化传统造成的，也可能是族群的差异以及生活地域的差异造成的。目前，国内专门针对教育

① 更详细的田野资料可参见张伟平，2005。

期望尤其是家庭对子女教育期望的研究还相对较少，较早的一些研究所选取的样本主要限于不同的个别地市，因而得出的结论并不完全一致甚至相反。同时，这些研究在研究方法上也主要以描述性为主，缺少了基于全国样本的验证和对更多变量进行控制的统计检验，所以尚不足以对中国家庭教育期望的总体特征进行更为深入的解释（杨威，2012；杨春华，2006；吕国光、刘伟民、张燕，2011）。随着国内关于教育期望的全国代表性数据如北京大学中国社会科学调查中心主持实施的“中国家庭追踪调查”（CF-PS）和中国人民大学中国调查与数据中心主持实施的“中国教育追踪调查”（CEPS）的出现，国内对教育期望的研究越来越丰富（如吴愈晓、黄超，2016；梁玉成、吴星韵，2016；朱晓文、韩红、成昱萱，2019；李颖晖、王奕轩 2019；余秀兰，2020）。

第三节　家庭教育投资的界定与分析视角

一　家庭教育投资的界定

教育投资（education investment），亦可以理解为教育支出（education expenditure），一般指购买教育的全部支出的货币表现，代表着家庭对子女教育的经济投入情况。人力资本投资理论（Becker，1962）把家庭教育投资或者支出作为一种人力资本的投资形式，认为家庭花在子女身上的教育费用不只是满足暂时的需要，还是使子女通过教育获得知识、技能和健康等的人力资本，从而提高家庭未来收益，并促进经济社会的发展。

必要的教育支出是子女获得教育的基本条件，充分的教育支出可以为子女提供较好的教育条件，可以为子女选择师资水平更高的重点学校，可以支付起课外辅导、兴趣班等的费用，可以使子女在升学中拥有更多的竞争优势。可以说，家庭教育支出高低背后的潜在意义反映出家庭教育投资能力的高低，以及不同家庭类型的子女当前教育机会的多少和未来发展空间及潜力的大小（楚红丽，2008b）。

家庭教育支出由多项内容组成，关于家庭教育支出的结构，以往研究比较典型的有三种划分。第一种，将家庭教育支出的费用区分为直接教育费用和间接教育费用，如 Tilak（2002）的研究认为，直接的教育费用是指家庭付给学校的学费和考试费、注册费、选课费等费用；间接的教育费用是指购买教材、文具、服装、交通、家教等费用。第二种，将家庭教育支出区分为校内支出和校外支出，如楚红丽（2008b）认为，校内支出是家庭因教育而交给学校的全部费用，如学杂费、食宿费等；校外支出则是因教育而发生的交给学校以外的全部费用，如校外辅导、训练费等。进行类似划分的还有丁小浩、翁秋怡（2015）。他们把子女教育支出区分为学校教育支出和校外教育支出，前者包括学杂费、书本费、伙食费、交通费、住宿费等，后者包括择校费和兴趣班、家教等校外补习的费用。第三种，把家庭教育支出划分为基本性教育支出、扩展性教育支出和选择性教育支出三种，代表性的有涂瑞珍、林荣日（2009）的研究。他们认为，子女基本性教育支出包括学费、住宿费、伙食费、交通费、校服费，扩展性教育支出包括补课费、兴趣班费、家教费、课外读物费、学习用品及电子产品费、暑假辅导班费，选择性教育支出为择校费和赞助费。

随着中国经济社会的快速发展，中国的教育事业也获得了长足发展，各级教育规模逐渐扩大，教育资源不断优化，教育经费在大幅提高，教育投资结构也发生了显著变化。Tilak（2002）指出，教育投资主要由政府（公共）投资和家庭（私人）投资构成。1993 年国家发布的《中国教育改革和发展纲要》就已经提出，国家财政性教育经费支出占国内生产总值（GDP）的比例要在 20 世纪末达到 4% 这一世界衡量教育水平的基础线，但是这一目标直到 2012 年才实现。随着中国教育市场化带来的教育费用的快速增长，在中国公共教育投资严重不足的前提下，个人/家庭教育投资在很大程度上弥补了公共教育支出的不足，但也带来了家庭负担的教育费用逐渐上升。个人/家庭教育投资本身就是教育投资的重要构成部分，加上中国公共教育投资不足的国情，使个人/家庭教育投资能力和投资水平对子女的教育发展显得尤为重要。

以往研究已经证明教育投资和子女学业成就之间的积极相关性，例如 Cheung 和 Chan（2008）的研究支持了教育支出对学生学业成绩的促进作用。家庭教育投资既是家庭教育投资能力的体现，也反映了家庭对教育的需求。中国的父母对投资子女教育具有非常高的热情。Tsui 和 Rich（2002）在 1998 ~ 1999 年针对中国武汉市 1040 位八年级学生的家长的调查研究发现，超过 80% 的父母希望他们的孩子至少能够获得大学学历，大部分独生子女家庭则把15%的家庭月收入用于孩子的教育支出，仅次于家庭的食品支出（占家庭总支出的63%）。他们的研究同时发现，超过70%的父母表达了可以借钱供孩子读大学的意愿。

二　家庭收入、资源稀释与家庭教育投资

家庭教育投资受到一系列因素的影响。大部分研究指出，教育投资作为一种经济行为，主要受到家庭经济条件的影响，家庭收入是家庭教育支出的最大约束变量。Knight和Shi（1996）对于中国的研究发现，在其他条件都不变的情况下，家庭人均收入每增加100元，家庭就会增加1.2元的教育投资。随着家庭收入的增加，家庭教育投资的增加幅度即"弹性"也是存在差异的。在经济学中，"弹性"表示因变量对自变量的反应灵敏程度（楚红丽，2008a）。收入弹性（income elasticity）是指在价格和其他因素不变的情况下，由于消费者的收入变化所引起的需求数量变化的程度高低。Benson（1961）的研究指出，由于家庭收入的不同，家庭教育支出也表现出不同的收入弹性，相比于高收入家庭和低收入家庭，中产阶层家庭的教育支出的收入弹性最大，即随着家庭收入的增加，中产阶层家庭的教育支出增加幅度最大。Hashimoto和Heath（1995）基于日本1989年全国性数据的研究也进一步印证了这种观点。家庭教育支出的收入弹性大于0表明在家庭教育支出和家庭收入的函数关系中，家庭收入变动对家庭教育支出变动具有显著的正向影响。

国内研究也证实了家庭经济水平对家庭教育支出的影响，谷宏伟和杨秋平（2013）的实证研究发现，在影响家庭教育支出的各项因素中，家庭收入的作用最为显著。邹小芃等（2007）的研究表明，家庭文化背景、收入状况是对家庭教育投资支出水平影响较大的两个因素。但也有其他研究得出了相反的结论，龚继红和钟涨宝（2005）基于湖北省随州市农村家庭的调查研究就发现，家庭收入的高低对农村家庭教育投资选择的影响不大，只有当家庭收入达到相当水平后，农村家庭才会明显提高家庭教育投入水平。

市场化改革以来的教育市场化转变以及国家教育政策的变化进一步增加了家庭教育费用，在公共教育支出明显不足的情况下，家庭经济水平和家庭收入因素对目前中国家庭教育支出的影响作用越来越大。中国目前的

学前教育和高等教育都是收费的，家庭支出成为目前学前教育和高等教育的主要经费来源。学前教育费用和高等教育费用的不断上涨无疑增加了家庭教育支出的负担。在义务教育方面，虽然中国在1986年颁布了《中华人民共和国九年制义务教育法》，开始实施九年义务教育制度，免收义务教育阶段的学费，2006年该法经修订后进一步规定，义务教育阶段不收学费和杂费。但是，九年制义务教育实际上并未减少子女教育费用的支出。首先，虽然免除了学费、杂费，但是其他费用并未消除。同时，九年制义务教育在各地的执行力度不同，“乱收费”现象仍然存在。其次，扩展性的校外教育支出在家庭总教育支出中的比重日益提高。近年来随着“影子”教育（shadow education）的课外补习以及各种特长班、兴趣班在中国的迅速发展，加上择校费的支出，扩展性的校外教育支出已经成为当前中国家庭教育支出的重要组成部分（楚红丽，2008b；迟巍、钱晓烨、吴斌珍，2011）。中国青少年研究中心在2011年基于全国8个省会城市近5000名中小学生家长的问卷调查和结构性访谈显示，5000名义务教育阶段城市家庭子女教育年支出达8773.9元，城市家庭平均每年在子女教育方面的支出，占家庭子女总支出的76.1%，占家庭总支出的35.1%，占家庭总收入的30.1%（《光明日报》，2012）。该调查还发现，在所调查的家庭中，仍有83.4%的家庭支付给学校教辅资料费、服装费等杂费，52.2%的家庭支付子女在学校的食宿费，85.7%的家庭支付子女的学习用品费。调查还显示，80%以上的家庭教育费用为扩展性教育支出，26.6%的家庭为子女就读某所学校曾经支付过择校费用，包括借读、捐资助学费用，该项费用平均为12407.9元，最高额度为80000元。课外培训或辅导、课外读物、少先队活动、参观演出、游学等扩展性支出构成了当前家庭子女教育支出的主要内容，其中以课外培训或辅导费用最高。有76.0%的家庭为子女支付课外培训或辅导费用，平均支出为一年3820.2元，最高金额达80001.0元。

资源稀释理论同样对家庭教育投资提供了解释。根据该理论，家庭教育投资是家庭投资能力的反映，在预算约束下，家庭子女数量越多，分摊到每个子女身上的货币资本就会越少。Lee（2004）也认为子女数量和质量之间存在着此消彼长的关系，随着子女数量的增加，这种反向关系会更加明显。贝克尔和Lewis从人力资本理论出发，提出了孩子“数量－质量”替代理论。贝克尔和Lewis认为孩子的数量影响着家庭资源配置的决定，孩子数量和质量之间存在着替代作用和负相关关系，在家庭收入和父母照顾时间都是一定的前提下，家庭宁愿少要孩子以提高孩子的质量（孩子拥有的知识和素质等）、增加孩子身上的人力资本投资，从而实现家庭效用最大化（Becker & Lewis，1973）。在国内文献中，龚继红和钟涨宝（2006）的研究证明，家庭子女数量确实对家庭教育投资选择产生明显的影响，随着家庭子女数量的增加，家庭更容易选择让未升学的孩子直接转变为家庭劳动力；而随着家庭子女数量的减少，选择继续进行教育投入的家庭却明显增加。但是谷宏伟和杨秋平（2014）的研究却发现，子女数量同家庭教育支出之间存在正相关关系。

三　性别观念与家庭教育投资

家庭教育投资同样受到群体文化观念的影响。Hofstede 和 Hofstede（2005）认为，文化是心理的集体性编程，它将不同人群的成员区分开来。文化的核心由价值观构成，同一文化规范下的多数成员往往持有相同的价值观。价值观是“一种普遍性的倾向，表现为更喜欢事物的某些特定状态而非其他状态”（Hofstede & Hofstede，2005）。因此，特定文化规范下，人们往往会持有特殊的文化观念，并进一步影响到他们的态度和行为。Qian 和 Smyth（2011）的研究认为，不同于家庭其他形式的花费，教育支出涉及家庭为下一代的未来获益进行的消费，因此，子女教育支出的多少以及如何分配支出既取决于家庭的预算约束，也受到代际资源转移偏好的影响。

性别观念是影响代际投资的重要文化观念变量。在男权主导的社会中，女孩在家庭中普遍会受到歧视（Knight & Shi，1996）。Behrman 和 Knowles（1999）对越南的研究发现，家庭对女孩教育投资的收入弹性高于男孩，只有当家庭收入充分时，才会投资女孩。Lee（2010）通过对日本东京和冲绳县 45 位家长的深度访谈，发现除了家庭经济因素，父母的性别信仰（gender belief）和教育价值评估（valuation of education）也是影响父母不同性别教育投资的重要因素。传统中国是一个具有父权制文化传统的国家。解振明（1998）基于苏南皖北农村的调查发现，虽然社会经济的发展减弱了人们在现实生活中对男孩的依赖，但是由于受到社区规范的压力，农民在心理和精神上对男孩的需求仍然很强烈，“传宗接代”是非常重要的事情，而没有儿子会被认为是“最大的不孝”。Li 和 Lavely（2003）对中国云南某县农村的研究发现，儿子未来所能提供的经济回报预期，即“养儿防老”是传统性别观念存在的主要原因，这种现象在贫困地区的村庄、崇尚祭祖的村庄和山区村庄表现得更为明显，而具有较高受教育水平、具有收入能力、有自主决定权等的母亲对男孩的偏好会相对弱些。从贝克尔的家庭效用理论来看，中国传统文化观念中的“男孩偏好”并不一定是不符合家庭效用最大化的，主要是因为中西家庭对于“效用”的定义可能不同，孩子所能提供的“养儿防老”“传宗接代”更能满足家庭的效用需求。

以往的大量研究表明，中国传统文化观念中的这种“男孩偏好”对于家庭教育投资的影响不容忽视。Hannum（2005）对中国 7～16 岁儿童入学和家庭教育开支的研究证实了这一点。Hannum 发现女孩的教育更容易受到家庭经济状况的影响，这在我国农村体现得更明显。这主要是因为在现代化的转型过程中，城市家庭更有可能具有现代价值观，而农村家庭更可能偏向传统价值观。龚继红和钟涨宝（2006）的研究同样证明，受传统性别观念的影响，在有限的家庭资源条件下，农村多子女家庭中存在着男孩投资偏好。Song 等（2006）使用 1995 年中国农村家庭教育支出的统计数据检验了家庭子女教育支出上的男孩偏好，而且这种性别差异现象在贫穷家庭得到了强化。他们认为对男孩的教育支出是“投资品”，而对女孩的教育支出则是“奢侈品”。他们的研究还发现，母亲的受教育水平对子女的教育支出具有非常明显的积极作用，而父亲受教育水平的作用则相对较弱。家庭收入函数的估计表明，女性教育回报率低于男性，女孩接受教育的机会成本高于男孩，因此家庭在教育投资中自然表现出男孩偏好。叶华和吴晓刚（2011）在总结家庭教育投资的性别差异时认为，经济发展或者现代化并不必然带来性别间的教育平等化。在经济起飞前及初期，性别间的教育不平等程度在提高，其原因是经济收入的限制以及重男轻女的倾向使家庭更可能投资于男孩而非女孩的教育。随着经济的进一步发展，性别间教育不平等程度开始降低，因为家庭在此时突破了投资子女教育的资源瓶颈，在投资男孩的教育之余开始增加对女孩教育的投资。

四　地域与家庭教育投资

地域差异也影响着家庭对子女的教育投资，这种影响主要来自城乡差异和地区差异。已有研究发现，城市家庭和农村家庭在子女教育投资上存在显著差异。涂瑞珍和林荣日（2009）以上海地区有子女就读幼儿园、小学、初中、高中和大学及以上教育阶段的居民家庭为调查对象，对城乡家庭的子女教育投资问题进行了研究，分析发现城乡家庭教育支出差异显著，与农村家庭为子女在小学、初中和高中各个阶段支出的教育费用相比较，中心城区家庭在这三个教育阶段的支出分别是农村家庭的1.95倍、1.34倍和1.52倍。该研究还指出家庭教育支出的城乡差异主要是由教育投资结构的差异导致的，具体表现为：中心城区家庭更加重视对子女的扩展性教育投资，如补课费、兴趣班费、家教费、学习工具费用等，以及选择性教育投资，如择校费和赞助费；农村家庭在子女各教育阶段的基本教育支出如学费、住宿费、伙食费、校服费等学杂费仍是家庭子女教育支出的最主要方面。农村家庭子女教育支出显著低于城市家庭子女教育支出，主要是由中国特殊的二元户籍制度导致的。制度性的分割导致城市和农村发展非常不平衡，农村经济发展水平和家庭收入水平偏低、教育资源匮乏、课外辅导市场发展缓慢等多种因素制约着农村家庭对子女的教育支出（涂瑞珍、林荣日，2009；李通屏，2002）。不过也有研究并未验证户籍对家庭教育支出的作用，谷宏伟和杨秋平（2013）通过对城乡户口、不同地区差异和家庭教育支出的相关关系检验发现，城市家庭教育支出显著高于农村，但是在控制了家庭收入的影响因素之后，户口和地区对家庭教育支出的影响变得不再显著。

地区差异同样影响着家庭教育投资的水平。李红伟（2000）利用1999年国家统计局城市社会经济调查总队对全国15万户城镇居民家庭抽样调查的数据，分析了我国城镇居民家庭投资的现状及特点，研究发现不同地区间居民家庭教育投入存在明显差异，经济越发达的地区的家庭教育投资越多。经济越发达的地区，家庭教育支出额越高，但是由于这些家庭的可支配收入和家庭支出总额也比较高，因此家庭教育支出在家庭总支出中的比重，即教育支出负担率相对较低，相反，贫困地区、农村地区家庭虽然在家庭教育支出绝对数额上更低，但是教育支出在家庭总教育支出中的比重较高，家庭教育负担较重，甚至出现“因学致贫”现象，影响了家庭总体的生活质量，制约了贫穷家庭的教育投资愿望和能力。

五 小结

由于中国公共教育支出的不足和公共教育资源的缺乏，家庭在子女教育投资中扮演着十分重要的角色。同时，由于公共教育服务的不均衡，家庭教育投资在不同群体的家庭中表现出不平等，扩展性的校外教育支出差异又加剧了这种不平等。本部分对教育投资的含义进行了界定，并对影响教育投资的重要因素进行了区分。通过文献综述可以发现，家庭收入和子女数量是影响家庭教育投资的重要因素。同时，传统性别文化观念对家庭教育投资的影响也不应被忽视。中国城乡之间、地区之间的差异非常大，教育资源在城乡和不同地区的学校之间的分布是非常不均衡的，因此，城乡和地区因素也会对家庭教育投资产生影响，但是目前国内针对这两个因素进行检验的研究还非常少。这些少量的研究，目前还难以得出在控制其他影响因素后，城乡和地区对家庭教育投资的影响的相关结论。

目前，国内对于中国家庭教育投资的研究还不够系统和充分。首先，国内有关家庭教育支出的全国性数据还非常少，由于数据的限制，很多关于家庭教育投资的研究直接使用“学历获得”、“升学情况”和“辍学情况”等作为家庭教育投资的替代变量，通过这些代理变量无法准确地分析和讨论家庭对子女教育支出的真实情况，因为儿童升学以及辍学等指标还会由家庭教育支出以外的因素造成，二者不能完全等同。

其次，以往国内关于家庭教育投资和教育支出领域的研究多基于地方性样本，因此造成一些研究结论并不一致的情况。例如谷宏伟和杨秋平（2013；2014）的实证研究发现与龚继红和钟涨宝（2005；2006）的研究结论，在收入和子女数量对家庭教育支出的作用上，得出的结论恰恰相反。再如针对城乡户籍不同造成的家庭教育投资的差异，在分析结论上也存在不一致的情况。因此，需要基于全国的代表性数据对这些结论进行检验。

最后，目前关于家庭教育投资的研究对于子女不同年龄阶段教育投资的差异分析不够，如学龄前教育投资和学龄后教育投资的差异。同时，家庭教育投资的项目和分类也区分得不够详细，例如，现在子女教育的费用很大一部分是特长班、课外辅导等费用。

第四节　父母参与的界定与分析视角

一　父母参与的界定

父母参与，一般指父母感兴趣、了解并愿意参加到孩子日常生活中来的程度（Wong，2008），它代表着一种重要的家庭社会资本（Coleman，1988；McNeal & Ralph，1999；Marjoribanks & Mboya，2001））。在国内外很多研究文献中，对父母参与的研究也包括对家庭教养行为（parenting behaviour）、教养方式（parenting pattern/style）等的研究。虽然父母参与的含义很容易理解，但对这一概念的操作化却一直比较模糊，难以达成一致（Fan & Chen，2001）。以往学界关于父母参与的操作化指标有很多，主要有：父母对子女的学业成就期望（Bloom，1980；Yan & Lin，2005）；父母和子女的沟通，如讨论学校的事情（Christenson，Rounds，& Gorney，1992；Park et al.，2011）；对子女学业的监督、辅导和帮助，如督促、辅导完成家庭作业（Christenson，Rounds，& Gorney，1992）；对子女日常行为的监督和关注，如对电视收看的引导、对子女朋友圈子的了解、对子女平时活动范围的关注（Yan & Lin，2005；Muller，1998）；多种形式的家校合作（Epstein，1991）；等等。Darling 和 Steinberg（1993）认为，家长的教养方式（parenting styles）是家长传递给儿童的情感表达态度，以及家长在教养行为中营造的情感气氛（emotional climate）。在国内研究中，王丽、傅金芝（2005）认为，父母教养方式是父母的教养观念、教养行为及其对儿童的情感表现的一种组合方式。李燕芳等（2005）的研究认为，父母参与包括情感的投入和在儿童利益与儿童发展方面的参与两个方面的内容。

越来越多的学者也同意不能把父母参与简单化地归结为单一维度的含义，而是涵盖了父母多方面的养育实践和教养方式。例如，斯科特－琼斯（Scott-Jones，1995）认为父母参与包括四个方面的主要内容：重视、监督、帮助和共同从事。帕克等（Park et al.，2011）将父母参与区分为在家庭内部的活动及与学校有关的活动。美国心理学家 Diana Baumrind（1971）区分了三种主要的家庭教养的理想类型：权威型（authoritative）、专制型（authoritarian）、放任型（permissive）。权威型的父母通常采用关切和支持的方式对待孩子，支持孩子的兴趣探索和对爱好的追求，这一类型的父母对孩子的成长具有高成熟度的需求，并懂得在日常养育实践中如何通过与子女平等积极的沟通、引导来表达这些期望，鼓励孩子独立自主。专制型的父母对待孩子的方式不是关怀式和回应式的，往往要求孩子严格服从家长的权威，而不能容忍孩子自私或者不适当的行为。在家庭社会化的过程中，专制型的父母对子女也具有较高的要求与期待，但是通过规则和命令的方式而不是沟通的方式教育子女。与权威型的父母相比，专制型的父母对子女控制欲比较强，缺乏对子女的关爱、回应和相互间的平等沟通。放任型的父母对待孩子比较温和，虽然不像权威型的父母那样表现出积极的关切，但是也不会像专制型的父母那样。不过，这一类型的父母对待孩子的要求却过于宽松，在社会化的过程中，父母对孩子的行为是否适当也通常漠不关心。规则缺失下的孩子往往缺少目标，有时甚至“胡作非为”。

家庭是儿童社会化的主要机构。早在 1689 年，英国哲学家约翰·洛克在其《人类理解论》一书中，就曾提出孩子的心灵本是一块白板，纯洁而又质朴，在其社会化的过程中，父母、家庭和社会的价值观、态度、信仰等逐渐传递给孩子。国外研究大多表明，父母参与是青少年取得教育成功的重要影响因素（Garg et al.，2002；Teachman & Paasch，1998；Byun et al.，2012）。首先，代际传递价值观、偏好和期望，子代通过家庭社会化习得父辈珍视教育的行为、态度和观念。其次，亲子互动的方式影响着子女对外部世界中事件和环境的评估和应对，父母对其子女在教育方面施加的“重要他人”的积极鼓励、投入更多的教育资源和精力来重视学业成绩、参与子女教育实践、支持学校计划等，都有助于激发子女的教育期望，提升学业成绩（Seginer，1983；Teachman & Paasch，1998）。再次，父母参与对子女心理的发展也起到重要的干预作用，即父母更多地参与孩子生活和学习，可以传递给孩子更多积极的信号：父母关心孩子的发展和未来，从而提升他们对未来的信心和被重视感（Hango，2007）。在代际互动中，当父母给予子女更多的关心、温暖与理解时，子女更容易形成较高水平的自尊（self-esteem）及自我效能感（self-efficacy），建立良好的学业自我观念（academic self-concept）（Garg et al.，2002；Gasser，Larson，& Borgen，2004；Rottinghaus et al.，2002）。因此，在子女成长发展的整个过程中，父母参与的作用都是深刻而长远的。父母参与在子女的认知发展、性格形成、社会化、心理健康等多方面具有不可忽视的影响（王丽、傅金芝，2005；钱铭怡、肖广兰，1998）。

由于我国社会文化背景（包括文化传统、社会制度、生产力发展水平、价值观念、行为准则等）与西方存在很大差别，在教育方式上也有极大的不同，因此家庭的养育风格也存在差异（王丽、傅金芝，2005）。此外，中国家庭自身的养育方式随着当前中国经济社会转型和文化观念的转变而发生了改变，加上中国计划生育政策对子女数量与结构的影响，传统的家庭教养方式和亲子关系也在发生着变化。

二 家庭社会经济地位与父母参与

以往研究发现，父母参与受到家庭社会经济情况的显著影响，具有更高社会经济地位的父母会更多地涉入对孩子的教育实践，其中涉入的方式和程度均有不同。这一研究结论在国内外研究中均得到证实（Fan & Chen，2001；周皓，2013）。李佳丽、赵楷和梁会青（2020）基于中国经验的研究证实了父母参与行为的阶层差异。他们发现，家庭越富裕、职业地位和受教育程度越高的父母，越重视与孩子的情感交流和文化活动陪伴，其亲子关系越密切，对子女的要求也越严格。黄超（2018）研究发现，社会经济地位较高的家庭倾向于选择权威型和宽容型教养方式，社会经济地位较低的家庭倾向于选择专制型或忽视型教养方式。

何瑞珠（1999）从家庭缺失论（family deficiency theory）和教育机构歧视论（institutional discrimination theory）两个方面总结了家庭阶层地位影响子女教育中家长参与的原因，持前一种观点的研究者们认为父母受教育水平不高导致家庭缺少重视教育的传统或者观念，导致父母参与子女教育的不足。持后一种观点的研究者们认为，教育机构的一些隐晦的歧视作风或排斥措施，把来自较低阶层的父母排除于系统之外，而来自较低阶层的父母在与教师交往时又往往缺乏自信，甚至逃避某些与教师会面的机会。此外，西方的一些经验研究也表明，相较于拥有较高家庭收入和父母受过良好教育的家庭，低社会经济地位的家庭在收入、教育上的劣势削弱了他们提供回应性教养方式（responsive parenting）的能力，他们更可能会倾向于权威主义的而且严厉的教养方式，更多体罚而非讲道理（Sampson & Laub，1994）。受到教育水平和认知能力的影响，较高社会经济地位的父母在亲子沟通中也更擅长使用适合的沟通词语和认知刺激技巧（Conger & Donnellan，2007）。父母受教育水平不仅在参与能力上影响父母参与行为，而且影响着父母教养孩子的信心和态度，例如Hornby和Lafaele（2011）认为，相比于具有大学学历的父母，没有大学学历的父母会感到教师比他们更懂得如何教养孩子，因此也缺少与教师沟通的兴趣和意愿。拉鲁（Lareau，1987）在分析父母参与背后的社会阶层差异时认为，还存在观念和制度上的差异，不同社会阶层的父母对他们以及学校教育在子代教育中的角色持有不同的价值观念。高社会地位的父母对现行教育系统更加适应，懂得如何更好地与之相协调（Hango，2007），因此，这些父母也更容易参加“家庭—学校”的合作教育实践。

三 城乡家庭与父母参与

国内大量研究从发展心理学视角对城乡家庭的父母参与和教养方式进行了比较。张文新（1997）认为，我国城市和农村父母在受教育水平、生活方式与习俗、亲子观念等方面存在的较大差异，导致城乡表现出不同的父母教养方式。张文新通过对山东3个城市6所中学的随机抽样调查与分析发现，父母的教育方式存在城乡差异，与农村青少年的父亲相比，城市青少年的父亲对孩子有更多的情感理解与温暖；与农村青少年的母亲相比，城市青少年的母亲对子女干涉和保护、拒绝否认、严厉惩罚等更多，但在情感温暖与理解方面不存在差异。李静、崔春华、吴丹伟（2005）的研究也比较了城乡两种文化背景对初中生父母教养方式的影响，他们基于对河北省两所中学的研究发现，农村青少年父母的教育方式过于简单，城市父母对子女表现出更多的情感温暖与理解。

李丽菊、贾翌皎（2012）使用“父母教养方式评价量表”对云南4所小学的学生进行了调查，发现城镇小学生的父母的教养方式在量表各指标上优于乡村小学生的父母。城市家庭的父母在养育子女过程中，投入的时间和精力相对更多，给予子女较多的温暖和理解，在教育方法上也更全面和科学。相比之下，农村家庭的父母更多考虑子女的物质需求，精神交流欠缺，不善于对子女表达情感与温暖，把子女教育问题交给老师，对子女教育的参与程度较低。

李佳丽、赵楷、梁会青（2020）研究发现，相比于农村地区家庭，城市地区的家庭更倾向采用权威型或宽容型教养方式，城乡教养方式的差异主要源于父母教养能力和时间的限制，如农村地区或家庭经济条件差的父母可能会因需要长时间工作而没有时间陪伴子女，从而参与子女的日常生活和教育活动较少。

四 其他因素与父母参与

年龄阶段与父母参与。父母参与体现在儿童从婴幼儿、小学、中学及大学的各个年龄阶段。不过一些研究发现，随着儿童年龄的增长，父母参与的程度会降低。Eccles 和 Harold（1993）认为，这主要是因为年龄小的儿童更希望父母参与他们的学校生活，而随着年龄的增长，青少年的独立意识逐渐增强，对父母参与学校生活的意愿会降低。但也有研究指出，青少年阶段并非不希望父母的参与或者教养，只是在方式上表现出变化，例如帮助他们完成家庭作业及帮助而非代替他们做出选择（Hornby & Lafaele, 2011）。在国内研究中，陈陈（2002）通过回顾以往家庭教养方式的研究，总结认为父母教养方式在子女不同的年龄阶段呈现差异。其在该篇文章中提到，学龄前儿童的主要活动场所在家庭，父母的教养方式对其影响自然是非常直接且重要的；儿童步入学校后，虽然主要活动场所慢慢从家庭转为学校，但父母教养方式仍旧对儿童人际关系、成就等产生潜在或直接的影响；随着儿童年龄的增加尤其是到了青春期，他们与父母的对抗性增加，父母教养方式的特点可能会发生变化。

子女性别也有可能对父母参与方式产生影响。林莞娟和秦雨（2010）基于中国甘肃省农村基础教育调查的数据的研究发现，家长的男孩偏好会影响到他们的教育方式，进而影响子女的学习状况。

五 小结

国内对父母参与、教养方式领域的大量研究一致表明，父母参与是影响儿童认知能力、社会情感及人格发展的重要因素。父母参与是一个内涵极为丰富的概念，本部分介绍了以往文献对父母参与的界定，并对影响父母参与的主要因素进行了梳理。

目前，国内教育分层研究对关于父母参与和教养方式的研究还较少，相关文献多集中在心理学领域。以往研究往往侧重分析父母参与中的某一个侧面，有必要结合父母参与的多个维度，深入细致地揭示相关影响因素和各个维度父母参与之间的关联。

第五节　简要述评

本章对家庭教育投入的定义和主要形式进行了界定，并重点回顾了国内外文献中对于家庭教育期望、教育投资和父母参与这三个领域的研究现状。通过上文的文献综述，本研究将家庭教育期望界定为家庭期望子女获得什么样的教育程度，代表着一种家庭教育观念或者看法，教育投资和父母参与则分别代表了家庭的货币支出行为和教养性行为。

上文还对以往文献中关于上述三个教育获得机制的影响因素进行了梳理。通过对这些影响因素的比较，本研究发现影响上述三个教育获得机制的因素存在相似之处，进一步梳理这些影响因素后，可区分出理性选择、性别观念和制度分割三大类别，其中理性选择因素包括了社会经济地位和家庭资源稀释的影响，性别观念是指传统性别文化观念以及在不同类型家庭中表现程度的影响，制度分割因素则指城乡户籍制度的影响。在下一章的研究设计中，将围绕这些影响因素提出研究假设。

本部分还对目前国内关于这三个研究领域的研究不足进行了总结。第一，早期研究受到数据的限制，国内家庭教育投入的相关研究多基于小型或者地方性样本，分析结论缺乏全国代表性，相应分析不能真实反映总体人口的特征。

第二，随着数据的可得性，国内使用具有全国代表性样本进行相关的研究在近几年逐渐增多，但这些研究多侧重于对家庭教育投入单一维度的分析，鲜有研究采用组合视角对其进行多维度的整合性研究，例如：对家庭教育投入结构的分析需要综合家庭的货币性投入及非货币性投入进行考量；另外，国内以往相关研究多集中于对家庭教育支出投入的分析，对非货币性投入如教育期望、父母参与、教养行为等主题的探讨相对不够。

基于新时期家庭教育投入的新情况与新问题，在已有研究的基础上，本研究拟从以下三个方面深化本领域研究：一是采用组合视角对家庭教育投入进行全面性、整合性和历时性、动态性研究，全面描述与分析新时期我国家庭教育投入的总体特征、投入偏好及投入结构的特征及历时变化；

二是使用具有全国代表性的数据进行分析，得出能够准确反映当前我国家庭教育投入总体状况的结论；三是对家庭教育投入的机制和过程进行细微化考察，打开家庭教育投入的“黑箱”，剖析家庭教育投入的影响链条，为政府政策的制定与实施提供参考依据。

第四章
研究设计

第一节 研究问题

家庭与子女的成长和教育联系最为紧密，也是连接社会经济变迁、文化、地理环境、制度、政策等宏观因素和教育结果的关键中间环节，是教育不平等发生的主要场所。以往对教育不平等领域的研究基本关注各类因素对子女升学、学业成绩以及学历取得等教育获得的影响，而对造成这些结果的过程分析不够。基于此，本研究的主要目的是试图围绕家庭教育投入，从家庭层面探寻中国教育不平等形成的机制和过程。由此形成的两个基本问题是：当前中国家庭教育不平等的具体形成机制是怎样的；影响子女升学、学业成绩以及学历取得等最终教育结果的主要因素对家庭教育投入又产生了怎样的影响。

家庭背景影响子女教育获得是教育不平等研究的基本假设和核心命题，但是家庭背景对子女教育获得的具体影响机制和过程实际上是非常复杂的。本研究把家庭对子女教育获得的影响机制区分为教育期望和教育行为两个主要维度，其中教育行为又包括经济性的教育投资行为和非经济性的父母参与行为。通过上一章对文献的梳理，本研究把教育期望、教育投资和父母参与这三个子女教育获得形成机制即家庭教育投入的影响因素，区分为四个主要方面：社会经济地位、家庭资源稀释、文化观念、地域差异。本研究关注的重点是当前中国家庭教育期望、教育投资和父母参与的主要特征及影响因素。围绕这些基本问题和关注重点，本研究还试图回答以下一些具体问题。

第一，当前中国家庭对子女的教育期望、教育投资和父母参与的状况是怎样的？不同家庭之间存在怎样的差异？

第二，通过文献梳理区分出的主要影响因素分别对家庭教育期望、教育投资和父母参与产生怎样不同的影响？

第三，对这些主要影响因素对三个家庭教育投入变量分别造成的影响进行比较，同一影响因素对家庭教育期望、教育投资和父母参与又会具有怎样不同的影响作用？

第四，对上述问题进行回答的研究结论对当前解决中国教育不平等、促进教育公平化实践有何政策启示？

第二节　理论框架

本研究的基本框架主要包括实证研究框架和总体解释框架。导论和文献回顾部分对国内相关研究的综述已经表明，虽然目前国内关于教育不平等的研究已经取得了大量的研究成果，但这些研究多注重家庭背景、性别、户籍、地区等各类因素对包括学业成绩、升学以及学历取得等教育结果的影响，忽视了这些因素对造成教育不平等后果的详细过程和具体机制的分析。如图 4－1 所示，路径 A 代表了传统教育不平等研究对教育分层分析的思路，研究了不同影响因素对子女教育获得的影响，对这些因素通过影响家庭教育过程进而影响教育结果的过程和机制进行研究是不够的（路径 B1 和路径 B2）。以往研究即使关注了这些机制性变量，也仅停留在理论解释的层面，缺少对它们的细致考察和检验。在这种思路之前，教育再生产的“黑箱”并未被真正打开，而对这种形成机制的细致化考察有助于丰富教育不平等的研究成果以及在实践上采取更为具体和有针对性的干预措施，如不同的因素对不同教育获得机制的影响可能是不同的，了解这种差异化影响可以帮助政策制定者针对不同的家庭采取不同的干预措施。

基于以往研究的不足，本研究尝试从家庭教育期望、教育投资和父母参与三个方面分析家庭影响子女教育获得的差异，从家庭层面分析教育不平等形成的过程和机制，尝试提供一个更为广泛的解释框架，更为全面地认识和了解当前中国家庭教育分层的现状，提供更为详尽和具体的解释。

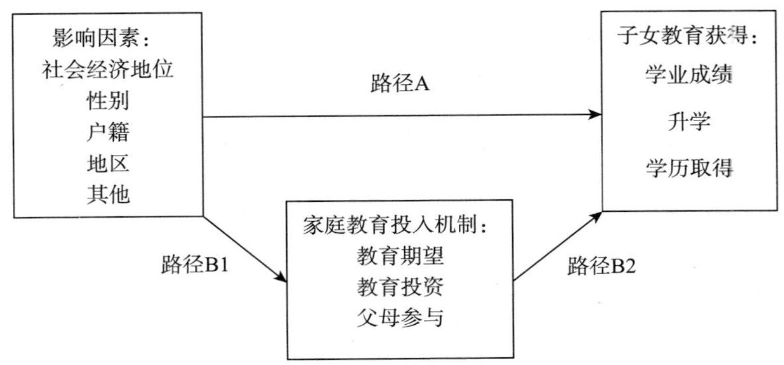

图4－1 传统教育不平等研究思路和教育过程研究思路的比较

结合第三章文献综述的总结，本研究将子女教育获得形成机制的影响因素区分为经济理性、性别观念和制度分割三个视角，每个视角又分别包含了不同的影响因素。经济理性视角包括了家庭社会经济地位和家庭资源稀释的影响，家庭社会经济地位代表了家庭对子女教育投入的能力，父母受教育水平越高，收入水平越高，意味着家庭对子女的投入能力越强。家庭资源稀释的影响主要是指家庭子女数量的“成本”影响，子女数量越多，意味着家庭分配到每个孩子身上的物质性或者时间精力性资源就会越少。性别观念视角则指中国传统的父权制文化对子女教育获得机制产生的影响。制度分割视角包括了由于国家制度设计导致的城乡差异所带来的影响。

完整的逻辑框架如图4－2所示。宏观社会结构（包括家庭背景和学校环境）构成影响集。宏观社会结构因素包括中国的现代化与市场化转型、人口转变、城乡及地区差异和教育政策变迁等。家庭背景因素包括父母经济收入、受教育水平、职业，家庭结构，家庭规模，子女数量，户籍性质，等等。学校环境因素包括学校质量、班级性质、教师与同伴影响等。本研究中家庭教育投入的传导机制可以类型化为“经济理性”、“资源约束”、“性别观念”和“制度分割”等四类主要假设，运用不同的多元统计模型对假设进行检验，不同影响因素对不同家庭教育投入变量的影响可能是不同的。例如，在家庭社会经济背景和预算约束下（有限的时间精力与财力物力）资源合理化分配的经济理性，对不同教育投入变量的影响的显著性程度和大小有可能是不同的。逻辑链条的最后一个环节是家庭教育投入的投入形式、投入结构和投入水平对子女学业成绩、学历获得、认知能力和问题行为产生多样化的影响。

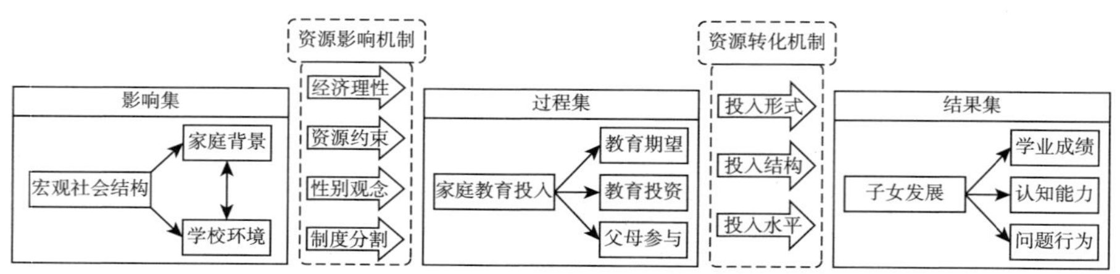

图 4－2　“宏观社会结构－家庭教育投入－教育结果”的逻辑框架

第三节　研究假设

基于不同分析视角所包含的对家庭教育期望、教育投资和父母参与所产生的不同影响因素，本研究提出了家庭社会经济地位假设、资源稀释假设、性别观念假设、城乡户籍假设四类假设，由于本研究的家庭教育投入包括了家庭教育期望、教育投资和父母参与三个不同的方面，因此在每组假设之下又包括了具体的研究假设。

家庭社会经济地位作为家庭背景的核心标识变量，对子女教育获得的稳定影响一直是教育分层研究的核心结论。通过前文的文献综述可以发现，家庭社会经济地位对不同教育获得机制的积极影响作用在西方文献中得到了大量证实，虽然国内关于教育获得机制的定量研究还较少，但是少数已有的研究也基本证明了二者的正向关系。因此，本研究提出假设 1：社会经济地位假设，即家庭社会经济地位越高，家庭对子女的教育期望水平也越高，家庭对子女的教育投资水平也越高，家庭对子女的教育参与水平也越高，参与质量更好。

目前国内已有大量研究运用资源稀释理论对教育不平等进行了解释，即随着家庭子女数量的增多，会出现“资源分摊”现象，并最终对子女教育获得产生消极影响。本研究认为此理论也适用于对子女教育获得形成机制的解释，但是以往关于教育不平等的“资源稀释解释”并未检验子女数量增多对不同家庭资源可能造成的直接影响。本研究关注的教育获得机制实际上代表了家庭投入子女教育的不同资源，教育期望代表了家庭对子女的主观态度资源，教育投资代表了家庭对子女教育的经济资源，父母参与代表了家庭对子女的教养方式与行为资源。本研究将检验子女数量对这些家庭教育资源所造成的直接影响，由此提出假设2：资源稀释假设，即兄弟姐妹数量越多，该子女能够分摊到的家庭资源就越少，家庭对该子女的教育期望水平就会越低，家庭对该子女的教育投资水平就会越低，对该子女教育的父母参与水平就会越低，父母参与质量就会越差。

家庭性别观念是影响子女教育获得机制的重要因素。文献综述部分已经提到，传统中国是一个性别观念非常强烈的国家，随着中国现代化转型带来的文化观念的"现代化"变迁，以及人口转变带来的子女数量和结构的显著改变，传统的性别观念已经发生了显著改变。基于近几年调查数据的研究也已经证明，教育获得的性别差异在中国呈现逐渐式微的趋势（叶华、吴晓刚，2011；吴愈晓，2012），但是目前仍然没有足够的证据表明中国教育获得的性别差异已经完全消失，"重男轻女"的性别观念仍有可能影响着子女教育获得的形成机制，中国家庭教育再生产机制中仍有可能存在男孩偏好。因此，本研究提出假设3：性别观念假设，即家庭对男孩的教育期望水平高于女孩，家庭对男孩的教育投资水平高于女孩，对男孩教育的父母参与程度高于女孩，参与质量好于女孩。

由于性别观念的转变过程是一个"连续统"，因此，现代化观念转型程度的不同也会影响到性别观念。中国城市和农村的现代化程度差异非常显著，相比于城市家庭，农村家庭的观念更为保守和传统。例如，吴愈晓（2012）研究发现，性别不平等存在城乡差异，农业户口居民的性别不平等程度高于非农户口居民，教育获得的性别不平等模式来源于不同的社会群体对父权制观念或传统性别角色观念的认同感的差异。同时，受传统生育观念的影响，在多子女家庭中，男孩偏好也可能表现得更为强烈。因此，本研究提出性别观念假设的扩展假设3.1：男孩偏好的性别观念对家庭教育再生产机制的影响在农村家庭和多子女家庭表现得更为明显，即农村家庭教育期望、教育投资和父母参与的男孩偏好比城市家庭更明显，多子女家庭教育期望、教育投资和父母参与的男孩偏好比少子女家庭更明显。

城乡户籍差异对家庭的教育的影响不仅表现在家庭的经济能力和文化影响方面，还表现在教育的结构性机会差异上。城乡家庭具有不同的区域教育资源，面临着不同的结构性机会，造成了家庭教育再生产机制的差异。相比于经济发达的城市，农村家庭的地区教育资源尤其是优质教育资源更少，国家在这些地区的招生名额也更少，来自农村户口和贫穷地区的子女在劳动力市场上也面临着更多的歧视，造成这些家庭通过教育提高收入水平的机会成本更大，由此也对子女教育获得机制产生消极影响。因此，本研究提出假设4：城乡户籍假设，即相比于农村家庭，城市家庭对子女的家庭教育期望水平、教育投资水平、父母参与程度都更高，父母参与质量更好。

第四节　数据、变量和方法

一　数据来源

（一）CFPS 数据的概要介绍

本研究主要使用的数据来自北京大学中国社会科学调查中心主持的中国家庭追踪调查（CFPS）。CFPS 是一项全国性、大规模、多层次、长期性的社会跟踪调查项目，调查内容涉及了家庭经济、教育、家庭关系、迁移、健康、价值观等诸多研究主题（李建新等，2015：3）。CFPS 的基线样本覆盖了全国 25 个省、自治区、直辖市（青海省、海南省、新疆维吾尔自治区、内蒙古自治区、宁夏回族自治区，以及港澳台地区除外）的家庭，样本覆盖地区的人口约占全国总人口（不含港澳台地区）的 95%。由于覆盖范围如此广泛，因此可将 CFPS 样本视为一个具有全国代表性的样本。

在抽样方法方面，CFPS 采用了内隐分层（implicit stratification）的多阶段等概率抽样（multimulti-stage probability sample）。由于中国的经济发展一直存在地理上的差异，CFPS 抽样设计通过内隐分层，可以确保样本很好地代表这 25 个省份的情况（谢宇、邱泽奇、吕萍，2012）。CFPS 的每个子样本均通过三个抽样阶段得到：第一阶段抽样为行政区县抽样，由辽宁、上海、河南、广东、甘肃 5 个大样本省份和上述 5 个省份外的 20 个省份构成的小样本省份组成省级层次的抽样框，从这 6 个省级抽样框中抽出的行政区、县级市、县构成了此次调查的初级抽样单位（PSU）。第二阶段抽样为村（居）抽样，由第一阶段被抽中的行政区、县级市、县内的所有村（居）构成次级抽样单位（SSU）。第三阶段抽样为家庭抽样，由第二阶段被抽中的村（居）内的常驻家庭户构成终端抽样单位（TSU）。CFPS 对被抽中的家庭户中的所有家庭成员都进行访问。

CFPS 分别在 2008 年和 2009 年对北京、上海和广东三个城市共计 2400 户的家庭开展了初访与追访的预调查。在 2010 年，CFPS 正式开启全国调查，此后每隔两年对基线调查的样本进行跟踪调查。2011 年 CFPS 的调查规模相对较小，仅对 2010 年基线调查中的部分样本进行了访问，其中一个主要内容是对基线调查中完访的少儿基因成员进行个人层面的追访。2012 年、2014 年、2016 年和 2018 年，CFPS 分别对基线调查中的全部个人样本及其所在的家庭开展了追踪调查。目前，2010 年、2011 年、2012 年、2014 年、2016 年和 2018 年六个年份的数据均已经发布。[①] CFPS 调查对象包含样本家户中的全部家庭成员。CFPS 调查问卷共包括了社区问卷、家庭问卷、成人问卷和少儿问卷四种主体问卷类型。国内关于家庭的社会调查或综合性社会调查，缺少针对少儿成长与发展的调查内容。CFPS 长期关注少儿教育、成长与发展的情况，并针对少儿群体建立了专门的数据库，收集了少儿成长过程中各个方面的信息，又有翔实的家庭背景信息可供综合分析（谢宇、胡婧炜、张春泥，2014）。所调查基因成员中所有 16 岁以下的少儿都要接受调查。其中，10 岁以下由父母或者监护人代答，10 岁及以上少儿既有父母或者监护人代答的部分，也有少儿自答的部分。

目前，国内关于家庭教育投入领域具有全国代表性的大型数据主要有两项，除了 CFPS，由中国人民大学中国调查与数据中心设计与实施的大型追踪调查项目“中国教育追踪调查”（CEPS）同样是一项针对少儿教育和发展的全国性调查。但相比于 CEPS，CFPS 在研究少儿的家庭教育投入方面具有明显的优势。CFPS 通过询问家长和少儿自报的方式采集了 16 岁以下每个少儿样本的家庭教育投入情况，能够全面反映少儿不同年龄段和不同学段家庭教育投入的情况。而且 CFPS 是国内出现的首个具有全国代表性的数据，从 2010 年就开始了基线调查，已经积累了多期跟踪数据。CEPS 的调查对象仅是七年级和九年级在读的初中生，在调查样本的全面性和代表性上不及 CFPS。除了这两项数据，国内研究使用的其他数据均是基于地方性样本的数据，例如杨威（2012）、杨春华（2006）、王莆勤和时怡雯（2014）等的研究。

---

① 相关数据可参见网站 http://www.isss.edu.cn/cfps/。

不过，相对于一般社会调查的数据来说，CFPS 的数据结构较为复杂（李建新等，2015：5）。在进行变量关系分析时，往往需要通过家庭关系库寻找对应的家庭及家庭成员的信息。为了便于数据的使用和分析，CFPS 发布的数据库中虽然整合了一部分分属于不同问卷类型的变量，但是对于具体分析所需的变量往往需要进一步整合。因此，根据研究目的的需要，本研究的分析数据以 CFPS 少儿库为主，对于部分变量信息（主要是家庭子女数的计算和家庭收入情况），则通过变量标识将不同类型的问卷变量的信息整合在一起。将家庭数据库中的家庭收入变量的数据、个人数据库中父母受教育程度变量的数据合并到了儿童数据库中，将家庭关系数据库（家庭成员问卷）中家庭子女数变量的数据合并到了儿童数据库中，从而使儿童数据库包含了以上三项信息。

除了 CFPS 数据之外，本研究在第八章为了研究一线城市中产阶层的家庭教育投入情况，使用了由上海大学、中国社会科学院社会学研究所以及中山大学共同主持的“特大城市居民生活状况调查”。此次调查于 2014 年 11 月至 2015 年 10 月在北京、上海和广州三个特大城市组织实施，采用两阶段抽样法：第一阶段采用地图法随机抽样，在每个城市抽取 50 个社区，每个社区抽取 20 个家庭户，每个家庭户抽样一个成年人入样，三个城市共获得了 3004 个常住人口的样本数据；第二阶段是专门针对中产阶层进行的适应性区群抽样（adaptive cluster sampling），每个城市抽取约 1000 个样本，共获得了 3006 个常住人口的样本数据（梁玉成、张海东，2016：190）。全部调查总共获得了 6010 个有效样本。该部分将分析对象限定为家庭中 2015 年还在就读小学、初中和高中的子女，考察家庭针对这部分子女的教育投入情况，具体分析内容均由成人被访者回答。由于原数据结构是以家庭为单位的，而本研究的研究对象和分析单位均是儿童，因此每个儿童应有一个独立的观察值，因此本研究首先对原调查数据的结构进行了转换（将“宽数据”转换为“长数据”）。同时，去除不符合就读阶段要求的样本以及各变量缺失值之后，两阶段抽样调查共获得有效子女分析样本 1095 个，家庭样本 917 个。虽然第二阶段针对中产阶层的适应性区群抽样并非随机抽样，但出于增加样本量的考虑，在分析的过程中，本研究仍旧采用了两阶段抽样调查所获得的合并样本。

（二）本研究的数据筛选

本研究在不同研究部分根据研究目的使用了不同年份的数据。

针对家庭教育期望部分，本研究使用的是 CFPS 公布的 2018 年调查数据。CFPS 对上海、辽宁、河南、甘肃和广东五个地区进行了过度抽样（oversampling），使这五个地区的样本具有独立的地区代表性，这五个地区的样本经过二次抽样获取的样本与其他地区的样本合并后构成“再抽样样本”。本研究使用了 CFPS 的再抽样样本，以使样本具有更好的全国代表性。去除各变量的缺失值之后，最终符合分析的样本共计 5400 个。

对于家庭教育投资数据的收集，CFPS 数据针对家庭内每一个子女的教育支出情况都进行了统计，弥补了以往很多数据只是笼统地统计家庭整体教育支出的不足。2012 年和 2014 年的 CFPS 对家庭教育投资项目的测量更为详细，CFPS 数据在 2010 年对家庭“去年全年”对子女教育经济投入进行询问的基础上，在 2012 年和 2014 年的问卷中又针对子女教育经济投入进行了更加细化的提问，包括诸如教材费、参考书费、课外书费、教育软件费、因学习产生的交通费、择校费、住宿费、伙食费、课外辅导班费/家教费/亲子班费等细化的信息。这无疑有助于进一步详细了解当前中国家庭教育投资的数量和结构。本研究对于家庭教育投资的研究同时使用了 CFPS 2014 年的数据。

由于 CFPS 儿童库中就读高中阶段的学生数量非常少，同时考虑到在学前教育之前子女的教育费用总体上较低，本研究只选取 CFPS 儿童库中接受学前教育、小学教育和初中教育的儿童样本作为分析对象，去除教育支出的缺失值后的样本量为 5337 个。本研究在描述性统计部分针对这些样本进行了分析。在多元回归分析部分，本研究采用简单删除的方式进一步去除了其他影响变量的缺失值，最终进入分析模型的样本量为 5019 个。为了评估缺失数据对模型稳健性的影响，本研究还采用了多重插补法（multiple imputation），针对样本中缺失数据最严重的家庭收入变量（296 个样本缺失）进行了数据填补调整。对比插补数据前后的分析结果发现研究结论一致，表明数据缺失对结果影响不大。

在父母参与部分，本研究主要使用了 CFPS 在 2018 年的调查数据，在针对父母参与的中介效应研究中，使用的是 CFPS 在 2010 年的基线调查数据。

二　变量操作化

本研究的实证研究主要由四个部分组成，即家庭教育期望研究、家庭教育投资研究、父母参与研究和中产家庭教育投入研究。以下将对每一部分研究涉及的因变量和自变量的测量进行说明。

（一）家庭教育期望研究的变量测量

家庭教育期望研究的因变量是家庭教育期望，代表着这个家庭对孩子教育获得水平的期待。通过 CFPS 问卷中“您希望孩子念书最高念完哪一程度”这一问题进行测量，有效回答包括“不必读书”、“文盲/半文盲”、“小学”、“初中”、“高中”、“大专”、“大学本科”、“硕士”和“博士”。在问卷中此问题是由照顾孩子最多的成年家人回答的，因此严格来讲，与家庭（父母）教育期望并不完全等同，不过考虑到父母通常是照顾孩子最多的人，而且从对孩子未来的教育规划作为一项家庭决策的角度讲，这里的家庭教育期望也可以代表父母的教育期望。

本研究采用两种方式对因变量进行处理。首先，本研究将期望教育程度重新编码为教育年限，对因变量进行连续性的测量，以便于本研究做线性回归的分析。具体的转换方法是：“文盲/半文盲” =0、“小学” =6、“初中” =9、“高中” =12、“大专” =15、“大学本科” =16、“硕士” =19、“博士” =23。

第二种处理是将因变量处理为分类变量，一共有两个方案。第一种方案是将大专以下的几类教育程度合并为一类，而把大专及以上的选择归为一类，参照组为家庭对子女无高等教育期望，这种二分处理为的是测量家庭对子女是否具有高等教育期望。一直以来，“考大学”是中国家庭对孩子最殷切的期望，对很多家长来说，“上大学”意味着孩子可以改变命运、获得体面的工作及美好前程，是“光宗耀祖”的事情。然而，近些年，随着中国高等教育规模的扩张、教育成本的激增及大学生“就业难”现象的出现，“读大学”的光环在逐渐褪去，“上大学值不值”已成为一个社会话题。第二种方案是将研究生以下的教育程度合并为一类，把硕士和博士归为一类，参照组为家庭对子女无研究生教育期望。

本部分的自变量主要包括了父母最高受教育程度、家庭人均年收入、子女性别、子女户口、子女兄弟姐妹数。根据前文的文献梳理，区分出三套本研究重点关注的变量组：经济理性变量组、性别观念变量组和制度分割变量组。其中，在经济理性变量组，本研究使用父母亲受教育程度、家庭人均年收入和子女兄弟姐妹数来测量家庭社会经济地位。本研究使用父母双方受教育程度较高者的受教育程度来测量父母的受教育水平，此变量为三分类的虚拟变量。家庭经济收入为定距变量，指调整后的家庭人均年收入。这两个变量用来检验家庭社会经济地位对家庭教育期望的影响。本研究对子女的兄弟姐妹数做了两种处理，即在线性模型中作为连续变量和在 Logit 模型中作为二分变量（独生子女家庭和非独生子女家庭）。

在性别观念变量组，本研究使用子女的性别以及子女性别分别和子女户口、子女兄弟姐妹数的交互作用来反映。子女性别为二分虚拟变量，参照组为女性。

在制度分割变量组的考察方面，本研究通过子女户口变量对因变量的影响来反映。

子女年龄和家庭所在地区作为控制变量进入模型，其中，子女年龄为定距变量。地区变量为三分类的虚拟变量，区分为东部、中部、西部三个地区，参照组为西部地区。在 CFPS 调查所涉及的 25 个省份中，东部省份包括北京、天津、河北、辽宁、上海、江苏、浙江、福建、山东和广东；中部省份包括黑龙江、山西、吉林、安徽、江西、河南、湖北和湖南；西部省份包括四川、重庆、贵州、云南、陕西、甘肃和广西。

对以上变量进行操作化需要说明两点：第一，某些代理变量可能也包含了家庭经济条件的信息，但是，我们通过对家庭经济条件进行统计控制之后，可以检验得到该变量组的“净作用”效果；第二，虽然子女性别、子女户口和子女兄弟姐妹数这三个变量都是子女层面的变量，但是由于家庭教育期望针对子女情况（如子女性别和子女兄弟姐妹数）的变化可以反映家庭性别观念和家庭经济理性考虑，或者由于制度、政策的原因，例如户籍制度使未成年子女的户口性质通常取决于父母的户口性质，因而本研究使用子女的户口作为家庭户口性质的测量。

（二）家庭教育投资研究的变量测量

该部分研究的因变量是家庭教育投资，本研究将其操作化为家庭教育支出。根据以往的研究，结合 CFPS 问卷题项的设置，本研究将家庭教育支出区分为学校教育支出、“影子”教育支出、其他教育支出和子女教育总支出。表 4－1 列出了这四类家庭教育支出的具体测量内容。教育支出为连续变量。此外，本研究还对家庭教育支出的收入弹性进行了分析。即以家庭教育支出的自然对数为因变量，以家庭年收入的自然对数为自变量，回归方程中收入的影响即为家庭教育支出的收入弹性系数。

表 4－1　家庭针对子女四类教育支出的测量（过去 12 个月）

变量名称	测量内容
学校教育支出	①学杂费：包括保教费、托费、教育费等；②因学习产生的交通费；③伙食费；④住宿费；⑤过去 12 个月的择校/赞助费
“影子”教育支出	课外辅导、家教，参加兴趣班、特长班等的费用
其他教育支出	①书本费：包含学校发放的教材的费用、参考书费、课外书费等；②教育软件费用：指为了教育目的而购买的计算机软件的费用；③其他费用
子女教育总支出	学校教育支出＋“影子”教育支出＋其他教育支出

注：本研究关于“其他教育支出”的统计划分与原问卷不同，“其他教育支出”除了原问卷中包含的其他费用之外，还纳入了书本费和教育软件费用。

本部分的变量处理与家庭教育期望研究的变量操作化基本一致。只是本部分研究还增加了学段这一自变量。就读小学之前的儿童组为学龄前组，为参照组，就读小学之后的儿童组为学龄组。

（三）父母参与研究的变量测量

父母参与是一个内涵丰富的概念，为了更加充分地对父母参与进行描述与分析，本研究将父母参与进行了针对儿童不同年龄阶段的区分。CFPS 问卷针对不同年龄阶段儿童的父母教育参与行为设计了不同的问题。根据这些问题，本研究把儿童教育中的父母参与行为区分为学龄前和学龄两个不同部分，其中，学龄前阶段又区分为 0～2 岁儿童群体和 3～5 岁儿童群体，学龄阶段包括了 6～15 岁儿童群体。

CFPS 针对学龄前儿童的家长进行了早期教育方面的询问。针对年龄为 0～2 岁儿童的家长，CFPS 询问了他们是否使用玩具、游戏或其他东西帮助孩子分辨色彩、分辨形状和学习识数。针对这些问题的回答包括了“一年几次或更少”、“每月一次”、“每月两三次”、“一周数次”和“每天”，本研究把这五种回答按照频率由低到高分别赋值为 1～5 分，作为连续变量处理。本研究进一步把这三个问题题项的分数进行了累加并计算平均值（针对此组问题的信度检验的 Cronbach's α 系数为 0.86，内部一致性较好），综合成为一个综合变量，即 1～2 岁儿童教育的父母参与。

针对年龄为 3～5 岁儿童的家长，CFPS 询问了他们是否帮助孩子识字、给孩子买书、给孩子读东西、带孩子外出游玩。针对这些问题的回答包括了“一年几次或更少”、“每月一次”、“每月两三次”、“一周数次”和“每天”，本研究把这五种回答按照频率由低到高分别赋值为 1～5 分，作为连续变量处理。本研究进一步把这四个问题题项的分数进行了累加并计算平均值（针对此组问题的信度检验的 Cronbach's α 系数为 0.70，内部一致性较好），综合成为一个综合变量，即 3～5 岁儿童教育的父母参与。

针对学龄儿童即 6～16 岁儿童的父母参与，CFPS 在问卷中设计了一组问题来反映父母对子女的学习和生活关怀，以及家庭沟通情况，共包含六个问题项：“当这个孩子在学习时，您会经常放弃看您自己喜欢的电视节目以免影响其学习吗”、“自本学年开学以来/上学期，您经常和这个孩子讨论学校里的事情”、“您经常要求这个孩子完成家庭作业吗”、“您经常检查这个孩子的家庭作业吗”、“您经常阻止或终止这个孩子看电视吗”和“您经常限制这个孩子所看电视节目的类型吗”。回答人需要根据过去一年的实际情况从“从不”、“很少（每月 1 次）”、“偶尔（每周 1～2 次）”、“经常（每周 2～3 次）”和“很经常（每周 6～7 次）”五种程度上进行选择，分别赋值 1～5 分，作为连续变量处理。经过对此组问题的信度检验，Cronbach's α 系数为 0.67，内部一致性较好，因此，本研究把六个问题项的分数进行了累加并计算平均值。

在影响变量的操作化方案上，本部分与家庭教育投资部分的研究相同，在此不再赘述。

本部分还对城乡家庭不同父母参与行为对子女教育结果的影响进行了结构方程模型的检验，对于这一部分的分析样本，本研究依次做了如下筛选。第一，为了使样本具有更好的代表性，本研究使用了 CFPS 的再抽样样本。第二，由于 CFPS 儿童问卷只对 10～15 岁的青少年进行了教育期望的测量，因此本研究删除了这一年龄段之外的儿童样本。同时，由于问卷中教育期望主要是询问在校正式就读的青少年的学历期望，因此由各种原因造成的目前已不再上学以及仍在就读幼儿园的少儿也不符合本研究的需要，本研究也删除了这一部分样本。经过以上处理后，得到满足研究需要的样本为 2176 个，去除各分析变量的缺失值之后，最终进入分析模型的样本为 2006 个。

此部分的因变量是青少年教育期望，通过 CFPS 问卷中“你认为自己最少应该念完哪种教育程度”这一问题来进行测量，其回答分为“不必读书”、“小学”、“初中”、“高中”、“大专”、“大学本科”、“硕士”和“博士”几种受教育程度，本研究将这几种期望教育程度重新编码为期望教育年限，具体的转换方法是：“不必读书”=0、“小学”=6、“初中”=9、“高中”=12、“大专”=15、“大学本科”=16、“硕士”=19、“博士”=23。

本部分研究用父母亲受教育程度和家庭收入水平两个指标来测量家庭社会经济地位，其中，使用父母亲较高一方的受教育年限来表示父母受教育程度，而用家庭人均年收入的对数来衡量家庭收入情况。

作为一个多向度和内容丰富的概念，在进行操作化时，应从多维度进行测量。针对文献综述部分提出的父母观念和行为两个维度的父母参与，本研究进行了操作化和具体测量。首先，针对父母对子女学业期待的测量。此变量在问卷对应的问题为“如果满分 100 分，您期望孩子本学期/下学期的平均成绩是多少”，回答区间为 0 ~ 100 分。由于 60 分以下的回答很少，本研究把 60 分以下的有效回答都重新编码为 60 分。其次，本研究使用三组观察变量来测量父母的日常关怀行为。第一，重教育的家庭环境打分。由访员观察受访者的家庭环境来对“家庭的环境（比如孩子的画报、图书或其他学习资料）表明，父母关心孩子的教育”这一问题做出判断，回答分为“十分不同意”、“不同意”、“中立”、“同意”和“十分同意”五类，分别赋值 1 ~ 5 分。这一问题反映了家庭是否为子女购买了更好的教育资源，某种程度上也反映了家庭是否提供了理想的学习激发环境，因为在拉鲁（Lareau, 1987）看来，家庭中图书等丰富的文化资料增加了子女接触认知刺激的机会，这种认知刺激有利于激发子女的学习兴趣、提高子女的认知能力。第二，父母对子女的学习和生活关怀。此部分的测量与前文针对学龄儿童即 6 ~ 16 岁儿童的父母参与一致，不赘述。经过对此组问题的信度检验，Cronbach's α 系数为 0.71，内部一致性较好，因此本研究把六个问题项的分数进行了累加并计算平均值。第三，父母对子女的行踪关注。针对“当你不在家时，父母知道你和谁在一起吗”这一问题，孩子报告的回答分为“从不知道”、“偶尔知道”、“有时候知道”、“大部分时候知道”和“总是知道”五种程度，分别赋值为 1 ~5 分。

需要说明的是，以上选取的父母参与的问题在问卷中均是由同住的照顾孩子最多的成年家人回答的，因此严格来讲，本研究的参与界定为“家长”参与更准确，不过考虑到父母通常是照顾孩子最多的人（通过对样本的数据匹配，城市样本中由父母其中一方作答的比例占到了 87.89% ，父母均不同住的比例为 4.26%；农村样本中由父母其中一方作答的比例占到了 85.19%，父母均不同住的比例为 4.29%），因此，本研究依旧使用这些变量来反映父母参与的情况。

年龄是连续变量，其跨度从 10 岁到 15 岁。性别是二分变量，男孩赋值为“1”，女孩赋值为“0”。户口变量同样是二分变量，城市为“1”，农村为“0”。本研究还尝试把家庭子女数和青少年学习成绩（用青少年自评学业情况进行测量）作为控制变量纳入本研究的模型进行分析，以检验模型的稳健度。本研究发现在控制了家庭子女数和青少年学习成绩的影响后，模型结果并未发生较大改变，只是模型的路径系数大小有所变动。因此，为了保证模型的简洁性，本研究在实际的研究中并未呈现更为复杂的模型。

（四）中产家庭教育投入研究的变量测量

中产家庭教育投入研究采用了与前三块实证研究不同的数据，因此在变量操作化上也表现出很大差异。根据该数据问卷的题项设置，本部分研究从家庭教育支出、家庭藏书量、孩子是否参加过课外补习班、孩子是否参加过志愿服务活动四个方面对家庭教育投入进行衡量，这四个方面的测量题项均由成人回答者回答。由于本研究关于家庭教育投入的界定，本研究选定的家庭教育投入四个变量并不全面，只是反映了家庭教育投入的某些方面，但考虑到该数据是目前最适合研究一线大城市中产阶层教育投入的数据，因此本研究仍旧选择了该数据进行分析。

在该调查中，家庭人均年教育支出变量为合成变量，通过问卷中过去一年家庭在教育方面的花费以及家庭人口数综合计算而来，单位为元，为连续变量。问卷中该问题同时包括了成人和孩子的教育费用。由于问卷中没有包含直接测量子女教育支出的题项，考虑到目前家庭教育支出绝大部分用于子女教育费用，因此本研究用该变量来近似反映家庭对子女的教育投入情况。在回归模型分析部分，为了降低标准差，本研究对该变量做了取对数的处理。

家庭文化环境，通过家庭藏书量即目前拥有的图书（不含教科书）册数来测量，在问卷中该变量为连续变量。为了降低标准差，提高模型的拟合度，本研究在模型分析部分，把图书册数进一步处理为包含七个类别的序次测度的变量。七个类别分别是：0 = 0 本，1 = 1 ~ 10 本，2 = 11 ~ 20 本，3 = 21 ~ 50 本，4 = 51 ~ 100 本，5 = 101 ~ 200 本，6 = 201 ~ 500 本，7 = 500 本以上。孩子是否参加过课外补习班为二分变量，0 = 没有上过补习班，1 = 上过补习班。孩子是否参加过志愿服务活动为二分变量，0 = 没有参加过，1 = 参加过。

本研究的核心自变量为子女是否属于中产阶层家庭，该变量为二分变量，0 = 否，1 = 是。目前关于中产阶层的划分标准尚未达成一致，"特大城市居民生活状况调查"采用了受访者的职业类型、上一年全年总收入、上一年全年总支出三个指标对中产阶层与非中产阶层进行了区分，这一标准显然更偏重于职业和经济标准。根据此种标准，如果受访者为中产阶层，则把受访者所在的家庭阶层属性定为中产家庭。由于本研究将此次调查针对中产阶层的适应性区群抽样样本纳入进来，因此最终的分析样本中中产家庭的比例较高，共有 623 个中产家庭进入了分析，约占全部分析家庭样本的 67.9%。

本部分研究的控制变量包括了孩子性别、家庭中就读中小学的孩子数、孩子目前上学阶段和家庭社会经济地位。其中，孩子的性别为二分变量，0 = 女孩，1 = 男孩。家庭目前正在就读中小学的孩子数为二分变量，0 = 1 个，1 = 2 个及以上。孩子目前的上学阶段为分类变量，0 = 小学，1 = 初中，2 = 高中。家庭社会经济地位主要通过父母亲受教育程度和家庭收入水平来测量，其中，使用父母亲一方较高的受教育年限来表示父母受教育程度，而用家庭年收入的对数来衡量家庭收入情况，两个变量均为连续变量。

三 分析方法

本研究属于实证研究，采用定量分析的方法，在分析方法上主要包括了描述性统计分析和多元统计分析两种方法。

（一）描述性统计方法

在描述性统计分析方面，本研究主要使用了单变量统计和双变量统计两种方法。单变量分析主要是对研究变量的分布情况进行描述性统计，主要考察变量的均值、百分比和标准差等情况，考察变量的分布情况。双变量分析主要是考察影响变量和因变量之间的相关关系，在未控制其他变量影响的情况下初步分析两个变量之间的关系。

（二）多元回归统计方法

1. 家庭教育期望研究的模型选择

在家庭教育期望研究部分，本研究主要使用一般线性回归（OLS）和Logit两种模型分析，针对因变量为教育期望年限的情况，本研究采用了OLS回归，把家庭教育期望转化为受教育年限的处理，更容易对回归结果进行解释，但却忽视了对教育阶段选择差异的考察（Goyette & Xie，1999）。因此，为扩展对结果的验证和解释，本研究又把因变量设定为“家庭对子女是否具有高等教育期望”，以考察影响家庭是否期待子女读大学的因素。此时因变量不再是连续性的数值型变量，而变为非数值型的二分类变量，即“0－1”变量。对于二分因变量，线性回归方法不再适用。线性回归方法通常要求因变量为定距变量，为连续性变量。此外，如果采用线性回归方法分析二分因变量，则会出现超出范围的预测值，并会使误差方差随着自变量取值水平的变动而发生系统性变动，从而造成模型的误差项呈现异分布性，即因变量在不同自变量取值处会具有不同的误差方差，违背了线性回归中误差方差齐性（homosedasticity）的假定条件，参数估计值的OLS估计不再是最有效的（谢宇，2010：332～333）。本研究采用了二分Logit回归统计模型进行分析。Logit模型是比较常见的处理因变量为分类变量的统计模型。该模型通过对观测的因变量进行非线性的Logit转换，避免了线性模型在处理二分因变量时概率取值超出［0，1］区间范围的问题。

2. 家庭教育投资研究的模型选择

在对家庭教育支出的模型分析中，针对家庭全年教育总支出，本研究使用了一般线性回归（OLS）模型。针对家庭全年“影子”教育支出中有相当多的取值为0，两个变量的概率分布均是由一个离散点与一个连续分布所组成的混合分布的情况，此时如果使用OLS来估计，那么无论是使用整个样本，还是去掉离散点后的子样本，都会导致不一致的估计。针对这种类型的数据，本研究采用了Tobit模型进行估计。

在这部分分析中，本研究进一步比较了不同群体子女教育支出“收入弹性”的大小，以此来分析这些家庭的子女投资意愿。即分别以子女教育总支出和子女“影子”教育支出的自然对数作为因变量，以家庭收入的自然对数作为自变量，构造双对数模型，回归方程中家庭收入对数的影响即为两种教育支出的收入弹性系数。此外，为了排除不同地区在经济发展水平、市场化程度等方面的影响，所有模型均控制了区县固定效应。

3. 父母参与研究的模型选择

针对不同年龄阶段的儿童的父母参与特点，本研究首先采用了嵌套多元回归模型检验不同变量组对父母参与的影响。

在这一部分，本研究还采用结构方程模型（structural equation modeling，SEM）对城乡家庭的父母参与行为进行了分析。结构方程模型是探究理论、概念之间关系和结构的统计方法，它整合了因子分析、路径分析和多重线性回归分析的思想和方法（孙凤，2007）。其检验模型可以借助观察变量来间接测量无法直接测量的潜在变量，并通过在所包含的观察变量（observed variable）、潜变量（latent variable）、误差变量（unique variable）之间建立关系获得自变量对依变量影响的直接效果、间接效果和总效果。SEM 分析的路径图包括了两个模型：一是测量模型（measurement model），反映潜在变量与观察变量之间的线性关系；二是结构模型（structure model），反映自变量和因变量之间的线性关系。

巴伦和肯尼（Baron & Kenny，1986）认为，中介效应存在的前提是两个变量之间须存在相关关系。因此本研究首先分析了主要变量之间的相关关系。其后，本研究采用两组结构方程模型进行检验。第一，基础模型在控制青少年年龄和性别的前提下，在家庭社会经济情况（父母教育与收入水平）和青少年教育期望之间建立直接的路径影响，检验前者对后者的影响效应。第二，中介模型在基础模型中再加入潜变量父母参与，考察家庭社会经济地位、父母参与和青少年教育期望之间的路径影响；同时，对基础模型和中介模型分别做城乡青少年多群组分析，以检验两组样本在路径系数上是否存在显著差异，检验上述中介机制在城乡家庭中的不同表现。两组模型的方程具体设定如下。

基础模型只包含结构模型，其方程为：

$$\eta_1 = \beta_1 edu + \beta_2 income + \beta_3 age + \beta_4 sex + \zeta_1$$

其中，η_1表示内生变量青少年教育期望，β_1和β_2分别表示外生变量父母受教育水平和家庭收入水平对青少年教育期望影响的路径系数，β_3和β_4分别表示控制变量青少年年龄和性别对青少年教育期望影响的路径系数，ζ_1代表青少年教育期望无法被完全解释的估计误差。

中介模型同时包含了测量模型和结构模型，其方程为：

测量模型方程式：

$$\xi_i = \lambda_i \eta_3 + \varepsilon_i$$

结构模型方程式：

$$\eta_2 = \beta_5 edu + \beta_6 income + \beta_7 age + \beta_8 sex + \zeta_2$$

$$\eta_3 = \beta_9 edu + \beta_{10} income + \beta_{11} age + \beta_{12} sex + \beta_{13} \eta_2 + \zeta_3$$

$$\eta_4 = \beta_{14} edu + \beta_{15} income + \beta_{16} age + \beta_{17} sex + \beta_{18} \eta_2 + \beta_{19} \eta_3 + \zeta_4$$

测量模型线性方程式中各参数含义如下：ξ_i表示潜变量日常关怀的各观测变量，η_3表示潜变量日常关怀，λ_i为观测变量在潜变量上的因子负荷量，ε_i表示测量残差。结构方程式各参数的含义为：η_2表示父母对子女的学业期待，η_3代表日常关怀，η_4代表青少年教育期望，$\beta_5 \sim \beta_{19}$分别代表了每个影响变量对其方程因变量的影响系数，ζ_2、ζ_3和ζ_4表示方程因变量无法被其他影响变量解释掉的估计误差。

表 4－2　SEM 模型主要评价指标

拟合指标	卡方值与自由度之比（χ^2/df）	修正规范拟合指数（IFI）	比较拟合指数（CFI）	近似误差的均方根（RMSEA）
拟合标准	< 2	>0.90	>0.90	<0.08

对结构方程模型拟合度的检验存在很多指标，不同的研究者对这些指标的拟合标准的界定也并不完全一样。最常用的指标是拟合优度的卡方统计量检验，通常认为，当模型卡方与自由度之比（χ^2/df）小于 2 时，可以认为模型拟合良好。但由于卡方检验的值较易受到样本容量的影响，尤其是在大样本的情况下，卡方值会变得比较大，它常常不能很好地判定模型的拟合情况，因此，相关文献一般都推荐其他许多模型拟合检验的指标（郭志刚，1999；邱皓政、林碧芳，2009；吴明隆，2009）。在综合参考的

基础上，表 4－2 列出了本研究所使用的主要评价指标。在具体的模型评价中，依据温忠麟、侯杰泰和马什赫伯特（2004）提出的原则，本研究认为，如果分析模型在大多数评价准则上是好的拟合，那么就可以认为模型是可以接受的，但其他指数不能离界值太远。

第五章
经济理性、结构性机会与家庭教育期望

第一节　研究目标

本部分的主要研究目标有两个：一是使用统计描述方法，描述目前中国家庭教育期望的基本情况，以及在不同影响变量上的分布情况，比较不同群体家庭教育期望水平的差异；二是使用回归分析方法，分析家庭教育期望的影响因素，主要检验家庭经济理性考虑、性别观念因素和户籍制度因素对家庭教育期望的影响。基于第三章提出的四个假设，本章待检验的具体假设内容分别包括以下几个方面。

社会经济地位研究假设：家庭社会经济地位越高，即父母的受教育水平越高、家庭收入水平越高，家庭对子女的教育期望水平也越高。

资源稀释假设：子女兄弟姐妹数量越多，家庭对该子女的教育期望水平就会越低。

性别观念假设：家庭对男孩的家庭教育期望水平高于女孩；农村家庭教育期望的男孩偏好比城市家庭更明显；子女数越多的家庭，家庭教育期望越容易表现出男孩偏好。

城乡户籍假设：城市家庭对子女的家庭教育期望水平高于农村家庭。

第二节　描述性统计结果

中国家庭具有重视子女教育的传统，对子女具有较高的教育期望。在市场化转型时期，人力资本在劳动力市场上的回报率提升，使家庭进一步提升了在子女教育上的期待。CFPS 2018 年的调查数据显示，在剔除了过度抽样样本之后，在 5685 个再抽样样本中，有 86.1% 的孩子被期望获得大学及以上学历，其中超过 1/10 的孩子（12.2%）被家长期望获得研究生（包括硕士和博士）学历。可见，中国家庭的父母对子女的教育期望维持在相对较高的水平。

本研究进一步纳入更多自变量进行分析，以探究家庭教育期望的影响因素。表 5－1 显示了在剔除相关变量的缺失值之后，这些影响变量的分布情况。在分析样本中：男孩比例略高，占 52.6%；农村少儿占比为 81.9%；独生子女占比为 28.4%，有一个兄弟姐妹的少儿占比为 53.5%；从地区分布看，东部地区儿童占比为 38.1%，中部为 31.6%，西部为 30.3%；就父母最高受教育程度来说，初中水平的人口最多，占四成以上，其次是高中及以上学历者，占比为 39.8%，最后是小学及以下受教育程度者，占 19.0%；家庭人均年总收入为 20252.9 元。

表 5－1　变量基本特征描述（N＝5400）

变量名称	变量描述	
因变量		
家庭教育期望年限（年）	均值	16.0
	标准差	2.7
家庭教育期望（%）	研究生	12.2
	大学	73.9
	大学以下	13.8
自变量		
子女性别（%）（女＝0）	男	52.6
子女户口（%）（农村＝0）	城市	18.1
子女兄弟姐妹数（个）	均值	1.0
	标准差	0.9
子女兄弟姐妹数（%）（0 个＝0）	1 个	53.5
	1 个及以上	18.1

续表

变量名称	变量描述	
父母最高受教育程度（%）（小学及以下=0）	初中	41.2
	高中及以上	39.8
家庭人均年收入（取自然对数）	均值	9.5
	标准差	1.0
控制变量		
子女年龄（岁）	均值	7.3
	标准差	4.4
地区（%）（西部=0）	中部	31.6
	东部	38.1

表5-2是本章所要研究的自变量和因变量之间的双变量分析结果。总体来看，家庭对男孩和女孩的高等教育期望比例分别为85.8%和86.6%，几乎没有差异。家庭高等教育期望在不同户口、不同兄弟姐妹数，以及不同家庭社会经济背景的少儿之间存在显著性差异（卡方检验和相关系数检验的统计显著度 p 均小于0.001），分别是城市户口、子女兄弟姐妹数更少、父母受教育程度更高、家庭人均年收入更高的家庭对子女的高等教育期望程度更高。家庭高等教育期望的地区差异不明显，东部地区家庭比中部和西部地区家庭略高一点。

双变量检验的结果表明，除性别和地区变量外，在不考虑其他因素的前提下，其他自变量均与因变量之间的关系呈显著相关，适合做进一步的模型分析，以详细考察哪些因素独立作用于家庭教育期望的水平。

表5-2 双变量交叉分析结果（$N=5400$）

自变量	类别	家庭高等教育期望比重/相关系数	显著性检验
性别（%）	男	85.8	$p=0.379$
	女	86.6	
子女户口（%）	城市	94.3	$p=0.000$
	农村	84.4	

续表

自变量	类别	家庭高等教育期望 比重/相关系数	显著性检验
子女兄弟姐妹数（%）	0 个	92.0	$p=0.000$
	1 个	85.7	
	2 个及以上	78.5	
家庭人均年收入	连续变量	0.140	$p=0.000$
父母最高受教育程度（%）	小学及以下	76.4	$p=0.000$
	初中	84.0	
	高中及以上	93.0	
地区（%）	西部	85.5	$p=0.082$
	中部	85.2	
	东部	87.5	

第三节　多元回归分析结果

一　线性回归分析结果

表 5-3 是家庭教育期望年限影响因素的 OLS 模型。模型 1 在纳入了控制变量的情况下，检验了家庭社会经济地位和子女数量对家庭教育期望年限的影响。模型 1 的结果显示，父母最高受教育程度和家庭人均年收入对因变量的影响都是非常显著的。具体来看，以父母最高受教育程度为小学及以下为参照组，父母最高受教育程度为初中的家庭，其教育期望年限比参照组多了约 0.3 年，父母最高受教育程度为高中及以上的家庭，其教育期望年限比参照组多了约 0.7 年。家庭人均年收入对数对家庭教育期望年限的影响系数为 0.145，也起着较显著的正向作用。这也印证了西方文献的研究结论，家庭教育期望作为家庭社会经济地位和教育获得的中介变量，受到家庭社会经济地位的显著正向影响作用。在子女兄弟姐妹数的影响方面，子女兄弟姐妹数每多一个，家庭教育期望年限就下降约 0.256 年（$p<0.001$），说明家庭子女数量与家庭教育期望之间具有非常显著的负相关关系。

表 5-3　家庭教育年支出影响因素的 OLS 模型（$N=5400$）

变量	模型 1	模型 2	模型 3	模型 4	模型 5	模型 6
父母最高受教育程度（小学及以下 =0）						
初中	0.323 ** (0.105)			0.324 ** (0.105)	0.325 ** (0.105)	0.324 ** (0.105)
高中及以上	0.717 *** (0.116)			0.634 *** (0.118)	0.636 *** (0.118)	0.636 *** (0.118)
家庭人均年收入（取自然对数）	0.145 *** (0.040)			0.124 ** (0.040)	0.123 ** (0.040)	0.122 ** (0.040)
子女兄弟姐妹数	-0.256 *** (0.045)			-0.240 *** (0.045)	-0.298 *** (0.059)	-0.241 *** (0.045)
子女性别（女孩 =0）		0.018 (0.072)		-0.016 (0.072)	-0.133 (0.107)	-0.066 (0.079)
子女户口（农村户口 =0）			0.753 *** (0.094)	0.357 *** (0.102)	0.359 *** (0.102)	0.214 (0.141)
子女性别 × 子女兄弟姐妹数					0.125 (0.081)	
子女性别 × 子女户口						0.276 (0.185)
子女年龄	-0.042 *** (0.008)	-0.068 *** (0.008)	-0.066 *** (0.008)	-0.044 *** (0.008)	-0.044 *** (0.008)	-0.044 *** (0.008)
地区（西部 =0）						
中部	-0.122 (0.093)	0.083 (0.092)	0.043 (0.091)	-0.121 (0.093)	-0.120 (0.093)	-0.121 (0.093)
东部	-0.114 (0.090)	0.160 (0.088)	0.070 (0.088)	-0.127 (0.090)	-0.125 (0.090)	-0.127 (0.090)
常数项	14.814 *** (0.384)	16.369 *** (0.098)	16.273 *** (0.091)	14.999 *** (0.389)	15.057 *** (0.391)	15.038 *** (0.390)
R^2	0.043	0.013	0.025	0.045	0.045	0.045

*** $p<0.001$，** $p<0.01$。

注：括号内的数字为标准误。

模型 2 和模型 3 在控制了子女年龄和家庭所在地区的影响后，分别检验了性别观念、户口因素对家庭教育期望的作用。模型 2 显示，子女性别变量的回归系数为 0.018，统计不显著，说明家庭教育期望在子女性别之间并不存在差异。模型 3 显示，子女户口变量的影响系数为 0.753（$p < 0.001$），表明城市家庭对子女的教育期望明显高于农村家庭。

模型 4 是纳入了模型 1、模型 2 和模型 3 中所有变量之后的全模型。结果显示，在控制了其他所有变量的影响后，子女性别的影响系数变为负数，但统计检验依然不显著；家庭社会经济地位对家庭教育期望的影响（$p < 0.01$）以及子女兄弟姐妹数对家庭教育期望的影响（$p < 0.001$）依然非常显著，即家庭社会经济地位越高，对子女的家庭教育期望越高；子女的兄弟姐妹数越少，家庭对该子女的教育期望越高；城市家庭比农村家庭的教育期望年限的优势由模型 3 中的约 0.8 年下降到了约 0.4 年，但统计检验依然非常显著（$p < 0.001$）。

表 5－3 还使用两个交互模型即模型 5 和模型 6 来检验不同群体是否存在性别差异效应，即模型 5 使用子女兄弟姐妹数和子女性别的交互项，模型 6 使用子女户口和子女性别的交互项来分别检验性别和子女兄弟姐妹数之间的交互效应，以及子女性别和城乡户口之间的交互效应。可以看到，两个交互项的回归系数均不显著，这表明虽然子女兄弟姐妹数增多，对家庭教育期望起到了非常明显的负向效应，但是这种子女兄弟姐妹数的增多带来的负向效应并没有对女孩造成更大的消极影响。子女性别和城乡户口之间的交互效应同样如此，城市家庭和农村家庭对子女的教育期望没有因子女性别而产生显著差异。即使受到家庭资源总量的约束，但是在家庭资源分配上，并不存在子女性别结构上的差异。

综合模型 1 到模型 4 的检验还可以发现，在经济理性、性别观念和制度分割等影响因素对家庭教育期望所产生的作用中，家庭社会经济地位和子女兄弟姐妹数代表的经济理性因素对家庭教育期望的影响相对更大。这可以从模型解释力上得到反映，表 5－3 中模型 4 的 R^2 为 0.045，而模型 1 的 R^2 就达到了 0.043，说明在本研究所考虑的影响因素中，家庭经济理性因素解释了家庭教育期望的绝大部分变动。

对控制变量的解释。模型 1 到模型 4 还显示出子女年龄对家庭教育期望的显著影响，在控制其他因素不变的情况下，家庭教育期望有随儿童年龄增大呈明显逐渐降低的趋势。导致这种子女年龄对教育期望呈负向作用的原因既有可能是文化心理因素，也有可能是经济因素。父母对新生儿更可能会有一种美好的未来憧憬和寄托，但随着子女年龄的增长，最初的愿望则又会受到经济理性的再估量。家庭教育期望作为一项家庭教育决策，是家庭理性考虑和规划之后的决定，孩子上学年数是家庭最大化收益的决策，因而孩子在学校的表现会影响父母对孩子的教育投资，父母会基于“成本－收益”来衡量教育投入（Buchmann & Hannum，2001）。另有研究认为，教育期望受到父母对子女学习能力和学习兴趣认知的影响，学习成绩较好的孩子的父母比学习成绩较差的孩子的父母具有对孩子更高的教育期望，那些认为孩子学业能力低的父母容易降低对孩子的教育期望水平（Wentzel，1998），因此，随着孩子年级的增加，对于学习成绩较差的孩子，父母可能会修正自己的教育期望，或者为孩子谋划其他的发展路径。在地区差异方面，在双变量交互分析中，东部地区家庭对子女的教育期望水平比中部和西部地区略高，但在多元回归模型中，这种地区差异不显著。

二 二分 Logit 回归分析结果

表 5－4 是家庭高等教育期望影响因素的二分 Logit 统计分析结果，检验的是家庭对子女是否具有大学及以上教育期望的影响因素。表 5－4 中六个模型的自变量选择和设计与表 5－3 中的六个模型是一致的。

表 5－4 中模型 1 的结果显示，父母最高受教育程度、家庭人均年收入和子女兄弟姐妹数对家庭高等教育期望的影响都是非常显著的（$p<0.001$）。以父母最高受教育程度为小学及以下为参照组，父母最高受教育程度为初中的家庭，其高等教育期望的发生比（odds）是参照组的 1.44 倍（$e^{0.364}$），父母最高受教育程度为高中及以上的家庭，其高等教育期望的发生比是参照组的 2.87 倍（$e^{1.056}$）。家庭人均年收入的对数每增加一个单位，家庭高等教育期望的发生比在原来的基础上提高 25.9%（$e^{0.230}-1$）。拥有 2 个及以上孩子的家庭，其高等教育期望的可能性比独生子女家庭低 33.5%（$e^{-0.408}-1$）。

在模型 2 中，家庭对男孩拥有高等教育期望的可能性比女孩要低，但是这种差异并不具有统计意义上的显著性。模型 3 的结果表明，城市家庭对子女的高等教育期望明显高于农村家庭，城市家庭报告高等教育期望的可能性大约是农村家庭的 3 倍（$e^{1.087}$）（$p<0.001$）。

在纳入了所有变量的模型 4 中，三个变量组各变量的系数的大小发生了不同程度的改变，但统计显著性保持不变：社会经济地位对家庭高等教育期望的积极影响依然较显著，子女兄弟姐妹数对家庭高等教育期望的负向效应也依然非常显著，城市家庭对子女拥有高等教育期望的可能性显著大于农村家庭。在控制了其他变量的影响后，性别观念的作用变化不大，统计检验依然不显著。

模型 5 和模型 6 的交互效应检验模型检验的结果与前面线性回归的检验结果表现出了一致性，即在当代中国家庭，子女性别因素已不再是影响家长教育期望的重要因素，无论是在多子女家庭，还是在农村家庭，家庭对子女的教育期望都没有显示出显著的男孩偏好。

表 5-4　家庭高等教育期望影响因素的 Logit 模型（*N*=5400）

变量	模型 1	模型 2	模型 3	模型 4	模型 5	模型 6
父母最高受教育程度（小学及以下=0）						
初中	0.364*** (0.101)			0.355*** (0.101)	0.352*** (0.101)	0.355*** (0.101)
高中及以上	1.056*** (0.127)			0.946*** (0.129)	0.944*** (0.129)	0.945*** (0.129)
家庭人均年收入（取自然对数）	0.230*** (0.040)			0.214*** (0.040)	0.215*** (0.040)	0.214*** (0.040)
子女兄弟姐妹数（没有=0）	-0.408*** (0.109)			-0.363*** (0.110)	-0.214 (0.161)	-0.36^{3}*** (0.110)
子女性别（女孩=0）		-0.068 (0.080)		-0.086 (0.081)	0.131 (0.193)	-0.084 (0.085)
子女户口（农村户口=0）			1.087*** (0.145)	0.536*** (0.154)	0.537*** (0.155)	0.550* (0.219)
交互效应						
男孩×2孩及以上家庭					-0.263 (0.213)	
男孩×城市户口						-0.028 (0.292)
子女年龄	-0.043*** (0.010)	-0.071*** (0.009)	-0.071*** (0.009)	-0.045*** (0.010)	-0.045*** (0.010)	-0.045*** (0.010)

续表

变量	模型 1	模型 2	模型 3	模型 4	模型 5	模型 6
地区（西部 =0）						
中部	-0.317** (0.105)	-0.046 (0.098)	-0.092 (0.099)	-0.320** (0.105)	-0.320** (0.105)	-0.320** (0.105)
东部	-0.221* (0.104)	0.142 (0.097)	0.038 (0.098)	-0.239* (0.104)	-0.240* (0.104)	-0.239* (0.104)
常数项	0.031 (0.377)	2.388*** (0.113)	2.260*** (0.106)	0.189 (0.382)	0.057 (0.395)	0.188 (0.382)
Pseudo R^2	0.060	0.016	0.032	0.063	0.063	0.063

*** $p < 0.001$，** $p < 0.01$，* $p < 0.05$。

注：括号内的数字为标准误。

在控制变量的影响上，子女年龄的影响与线性模型的结果保持一致，随着子女年龄的增长，家庭高等教育期望在降低。在地区影响方面，与线性模型的分析结果不同，不同地区的家庭在高等教育期望上表现出了差异，西部地区家庭比中部地区和东部地区家庭对子女具有更高的高等教育期望。

自 1999 年高校扩招以来，我国研究生教育规模也随之快速扩大，越来越多的大学毕业生选择继续攻读研究生。国家统计局数据显示，我国研究生招生人数从 2000 年的 12.8 万人增长到 2019 年的 91.7 万人，增长了 6 倍多。[①] 2020 年 2 月 28 日，教育部相关负责人表示，2020 年硕士研究生招生规模在上年的基础上增加 18.9 万人，同比增幅超过 20%。[②] 为此，本研究也考察了家庭对子女就读研究生的期望情况。表 5-5 是家庭研究生教育期望的二分 Logit 统计分析结果，检验的是家庭是否期望子女获得研究生学历（包括了硕士和博士）的影响因素。表 5-5 中六个模型的自变量选择和设计与表 5-3 和表 5-4 中的六个模型是一致的。如表 5-5 所示，各影响变量效应的检验结果与表 5-4 的检验结果基本一致：子女性别的影响不明显；子女兄弟姐妹数对家庭研究生教育期望具有显著的负向影响；子女户口的影响在各模型中均表现出非常显著的统计差异性，模型 4 中在控制了其他变

① 《中国统计年鉴 2020》，http://www.stats.gov.cn/tjsj/ndsj/2020/indexch.htm。

② 参见 http://education.news.cn/2020-02/28/c_1210493681.htm，最后访问日期：2020 年 4 月 10 日。

量影响的情况下，城市家庭拥有研究生教育期望的发生比是农村家庭的 1.65（$e^{0.501}$）倍。但也存在一些差异：首先，家庭人均年收入的影响变得不再那么显著；其次，相对较高的父母受教育程度在研究生教育期望上才显著。

表 5－5　家庭研究生教育期望影响因素的 Logit 模型（*N*＝5400）

变量	模型 1	模型 2	模型 3	模型 4	模型 5	模型 6
父母最高受教育程度（小学及以下＝0）						
初中	0.207 (0.143)			0.200 (0.143)	0.201 (0.143)	0.200 (0.143)
高中及以上	0.573*** (0.148)			0.445** (0.151)	0.445** (0.151)	0.448** (0.151)
家庭人均年收入（取自然对数）	0.097* (0.049)			0.053 (0.049)	0.053 (0.049)	0.052 (0.049)
子女兄弟姐妹数（没有＝0）	－0.365*** (0.092)			－0.309*** (0.093)	－0.336* (0.134)	－0.308*** (0.093)
子女性别（女孩＝0）		0.074 (0.084)		0.064 (0.084)	0.032 (0.139)	－0.022 (0.099)
子女户口（农村户口＝0）			0.745*** (0.095)	0.501*** (0.106)	0.501*** (0.106)	0.333* (0.149)
交互效应						
男孩×2孩及以上家庭					－0.263 (0.213)	
男孩×城市户口						－0.028 (0.292)
子女年龄	－0.022* (0.010)	－0.043*** (0.010)	－0.041*** (0.010)	－0.027** (0.010)	－0.026** (0.010)	－0.027** (0.010)
地区（西部＝0）						
中部	0.120 (0.112)	0.228* (0.109)	0.182+ (0.109)	0.119 (0.112)	0.120 (0.112)	0.119 (0.112)
东部	0.071 (0.108)	0.248* (0.104)	0.147 (0.106)	0.051 (0.109)	0.051 (0.109)	0.051 (0.109)

续表

变量	模型 1	模型 2	模型 3	模型 4	模型 5	模型 6
常数项	-2.903***	-1.878***	-1.970***	-2.573***	-2.556***	-2.515***
	(0.474)	(0.114)	(0.107)	(0.472)	(0.476)	(0.473)
Pseudo R^2	0.024	0.007	0.021	0.029	0.029	0.030

*** $p<0.001$，** $p<0.01$，* $p<0.05$。

注：括号内的数字为标准误。

第四节　小结及讨论

家庭是影响个体成长最重要的单元，社会学家长期致力于在家庭层面寻找影响代际资源传递和教育获得的因素。父辈教育期望是子代未来教育获得的“预测器”，是家庭影响代际流动的重要变量。在西方对家庭教育期望已有大量研究成果的前提下，本章从家庭层面对中国家庭教育期望提供了三种影响其差异的假设解释：一是家庭经济理性评估的解释；二是家庭性别观念的解释；三是制度性解释。为此本章使用了 OLS 线性回归和二分 Logit 回归两种模型来加以验证。总体来看，虽然描述性分析的结果显示中国是一个具有普遍高家庭教育期望水平的国家，父母渴望子女获得高层次教育的愿望非常强烈，但是家庭教育期望水平仍旧在不同群体中表现出差异。两种多元回归分析模型对这种差异化影响得出了基本一致的结果，具有不同家庭背景的儿童在家庭教育期望上享有差异化的结构性机会，这种差异化既体现在不同社会阶层的影响上，也体现在不同地域环境的影响上。

第一，当代中国家庭教育期望受到家庭经济理性的稳定影响，这表现在：社会经济地位越高的家庭，即父母受教育程度越高、家庭人均年收入越高，家庭越希望子女获得更高年限的教育，越希望子女能够接受高等教育；子女兄弟姐妹数越多，家庭对该子女的教育期望的年限水平就会越低，希望子女接受高等教育的愿望就会降低。社会经济地位假设和资源稀释假设在家庭教育期望的分析中得到验证。

第二，中国传统的性别观念对当代中国家庭教育期望不具有显著的影响，即使是在多子女家庭和农村家庭，家庭教育期望均没有表现出男孩偏好，性别文化观念假设在家庭教育期望中未得到验证。这一研究结论说明中国家庭至少从教育观念上已经改变了“重男轻女”的传统看法，这与以往研究的很多结论并不一致，以往很多研究证实中国家庭仍然受到男孩偏重的传统文化价值观念的影响（如 Li & Lavely，2003）。但是考虑到这些研究所使用的数据以及研究的样本是较早的人群，而本研究使用的数据和研究的对象都是较近时期的样本，因此，性别观念发生转变是非常有可能的。中国是一个处于向现代化快速转型的国家，现代的“身姿”和传统的“影子”并存。一方面，伴随着现代化和工业化的进程，中国市场化的影响在增强，家庭经济因素的影响在加大。同时制度、文化规范也会经历从传统向现代的演变，中国传统父权制文化对家庭教育观的影响在降低，重男轻女的传统的性别观念在逐渐让位于男女平等的社会共识（吴愈晓，2012）。在计划生育政策下，传统家庭结构发生了重大变化，大量的独生子女家庭出现，家庭对女儿赋予的角色期待发生了很大改变，有学者研究得出生育率的下降促进了教育的性别平等化（叶华、吴晓刚，2011），本章从教育期望的角度也佐证了这一结论。笔者曾使用 CFPS 2010 年的数据分析发现，独生子女家庭较多子女家庭持有更为平等的性别教育期望（刘保中、张月云、李建新，2014），但本研究使用 CFPS 更新的数据证实即使在多子女家庭，家庭教育期望已经不存在子女性别的差异。这说明，由于经济社会的发展、人口规模的变化和男女观念的变迁，尽管当代中国家庭子女的父辈们在他们小时候曾经有可能经历过重男轻女的传统文化影响，但是年轻一代（70后、80后、90后）的父辈对他们子女的性别角色期待已经发生了变化，他们不会因为子女的性别而改变对他们的教育期望。

第三，当代中国家庭教育期望受到制度性因素的显著影响，这主要体现为城乡户籍差异对家庭教育期望水平的影响。相较于农村家庭，城市家庭更倾向于期望子女获得更多年限的教育。这一结论可以从我国户籍制度造成的结构性机会差异的角度进行解释。我国当前正处于市场化转型期，劳动力市场上的人力资本回报受到结构性因素和制度性安排等非市场化因素的影响。人力资本收益率并非纯粹的市场化程度指标，它的变化还深刻地反映了转型期群体间利益关系的变化和重构（刘精明，2006）。教育获得带来个人成功的主流价值观在不同群体中实现起来是有差异的，因为处于相对弱势地位的群体或者因为二元体制造成的资源限制，弱势群体在教育实现上的困难导致其逐渐调适价值观念，寻找替代性期望和选择或者由于人力资本回报的结构性歧视造成其对教育价值的质疑。从教育投资的理性视角看，家庭教育期望受到“投入－回报”的影响，一方面，虽然中国农村家庭经济状况的改善有利于减弱经济因素对农村家庭高等教育期望的影响，然而在教育市场化导致教育成本逐渐加大的前提下，基于强烈教育回报计算和实现预期衡量的心理依然影响着农村家庭教育观念和最终的教育选择；另一方面，传统的农村教育资源如师资、基础设施等的相对匮乏和教育质量上的落后进一步限制了农村学生的人力资本获得，这导致了他们未来在大学精英竞争中的弱势，从而增加了教育回报的机会成本，降低了农村对人力资本投入的需求。

第六章
经济理性、资源差异与教育投资

第一节　研究目标

本部分的主要研究目标有两个：一是使用统计描述方法，描述目前中国家庭教育投资（教育支出）的基本情况，以及在不同影响变量上的分布情况，比较不同群体家庭教育投资水平（教育支出）的差异；二是使用回归分析方法，分析家庭教育投资的影响因素，本部分的研究主要是检验家庭经济理性考虑、性别观念因素和户籍制度因素对家庭教育投资的影响。基于第三章提出的四个假设，本章待检验的具体假设内容分别包括：

社会经济地位研究假设：家庭社会经济地位越高，家庭对子女的教育投资水平也越高。

资源稀释假设：子女兄弟姐妹数量越多，家庭对该子女的教育投资水平就会越低。

性别观念假设：家庭对男孩教育投资的水平高于女孩；农村家庭教育投资的男孩偏好比城市家庭更明显；子女兄弟姐妹数越多的家庭，家庭教育投资越容易表现出男孩偏好。

城乡户籍假设：城市家庭对子女的家庭教育投资水平高于农村家庭。

第二节　描述性统计结果

表 6 - 1 统计描述了中国家庭的教育投资情况，结果显示，家庭全年教

育总支出平均约为3340.6元，家庭全年学校教育支出平均约为2380.6元，家庭全年“影子”教育（如课外辅导、兴趣班培训等）支出平均为622.3元。如表6-2所示，在分析样本中，男孩比例略高，占52.5%；农村少儿占80%；独生子女家庭占30.6%；在父母最高受教育程度中，初中受教育程度者最多，占四成以上，其次是小学及以下受教育程度者，占31.1%，再次是高中及以上受教育程度者，占27.3%；从地区分布上看，东部、中部和西部地区少儿数量分布比较均匀。

表6-1 变量基本特征描述

变量名	样本量	均值（标准差）
家庭全年教育总支出（元）	5337	3340.6（5053.3）
家庭全年学校教育支出（元）	5337	2380.6（3571.4）
家庭全年“影子”教育支出（元）	5337	622.3（2670.8）
家庭年收入（元）	5041	55619.6（89976.6）

表6-2 双变量交叉分析结果

自变量	类别（样本量）	家庭全年教育总支出（元）	t检验/方差分析
性别	男（2804）	3271.2	$p=0.291$
	女（2533）	3417.4	
子女户口	城市（1068）	6339.7	$p=0.000$
	农村（4263）	2586.2	
子女兄弟姐妹数	0个（1632）	5312.7	$p=0.000$
	1个（2696）	2721.7	
	2个及以上（1009）	1804.4	
家庭年收入五等分组	低收入组（1009）	2354.6	$p=0.000$
	中等偏下收入组（1010）	2623.9	$p=0.000$
	中等收入组（1010）	2869.3	
	中等偏上收入组（1004）	3332.4	
	高收入组（1008）	5451.4	
父母最高受教育程度	小学及以下（1657）	1980.2	$P=0.000$
	初中（2212）	2920.2	
	高中及以上（1452）	5535.2	

续表

自变量	类别（样本量）	家庭全年教育总支出（元）	t 检验/方差分析
地区	西部（1733）	2118.2	$p=0.000$
	中部（1793）	3289.0	
	东部（1810）	4560.8	

表6－2同时显示了本章中主要自变量和因变量之间的双变量交互分析的结果。从性别角度看，家庭对男孩的家庭全年总教育支出（3271.2元）略低于对女孩的教育支出（3417.4元），但是t检验结果表明二者并不存在显著性差异。从户籍角度看，城市户口家庭对子女的年均教育支出（6339.7元）显著高于农村户口家庭对子女的教育支出（2586.2元），前者约为后者的2.5倍。子女兄弟姐妹数显著稀释了家庭对单个子女的教育支出，独生子女的全年教育总支出为5312.7元，有一个兄弟姐妹的少儿，其全年教育总支出为2721.7元，有2个及以上兄弟姐妹的少儿，其全年教育总支出仅有1804.4元。家庭收入水平和父母受教育程度等家庭社会经济情况对子女的家庭教育支出具有显著的正向影响作用，从收入影响看，高收入家庭组的家庭全年教育总支出为5451.4元，是低收入家庭组的2.3倍，是中等收入组家庭的1.9倍。从地区差异看，东部地区家庭的全年教育总支出（4560.8元）明显高于中部地区家庭（3289.0元）和西部地区家庭（2118.2元）。

本研究还从学前教育、小学和初中三个学段分析了家庭教育的支出情况，发现我国家庭子女教育支出的水平总体上呈现“V”形结构，即学前教育和初中阶段的教育支出相对较高，而小学阶段相对较低。在学前教育阶段，每个子女的家庭年均教育支出为4055.9元，在小学和初中阶段，每个子女的家庭年均教育支出为2514.2元和4561.2元。

学校课外辅导班、兴趣班、特长班等“影子”教育支出则呈现从学前教育到初中逐级递增的趋势。学前教育阶段总体为228.5元；到小学阶段增长到663.3元，约是学前阶段的3倍；初中阶段，此费用总体已经上涨到1065.7元，接近学前阶段的5倍。在不同的受教育阶段，家庭子女教育支出还存在结构上的差异。其中，学前教育阶段，学校教育支出成为绝大部分的子女教育支出，“影子”教育费用仅占5.6%。相比之下，小学阶段和初中阶段子女“影子”教育支出占总教育支出的比重明显增大，分别为

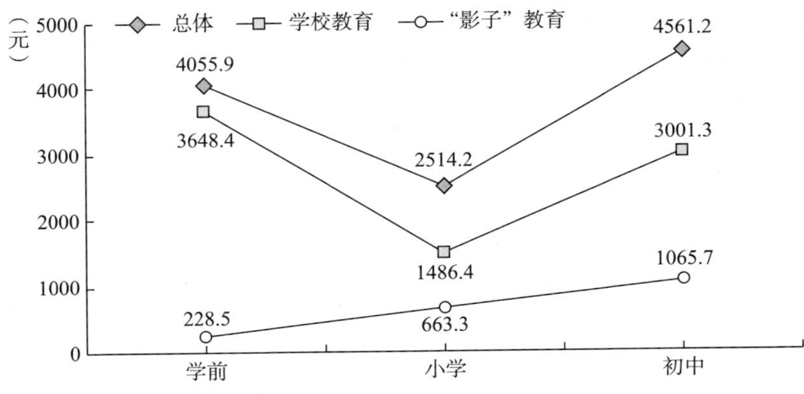

图 6-1 不同学段子女教育支出分布（$N=5337$）

26.4% 和 23.4%。换句话说，学前阶段家庭的教育支出压力主要来自入学（园）费用，学龄阶段家庭则开始越来越多地承受来自"影子"教育的压力。这种教育支出结构的变化主要是由我国当前的教育制度决定的。目前，我国义务教育只涵盖小学和初中阶段，学前教育尚未纳入义务教育范围，从幼儿园过渡到小学基本是免试就近入学。到了小学和初中阶段，家庭越来越多地面临"小升初"和"初升高"的升学压力，家庭也越来越重视学科补习。

第三节 多元回归统计分析结果

一 家庭教育总支出影响因素的线性回归分析

表 6-3 显示了家庭教育总支出影响因素的嵌套多元线性模型分析结果。模型 1 显示，在纳入控制变量子女年龄和家庭所在地区后，家庭社会经济地位对家庭教育支出具有显著的促进作用。在父母教育背景方面，父母受教育程度越高，家庭教育总支出就越多（$p<0.001$）。在家庭收入方面，家庭年收入每增加 1%，家庭教育支出就约增加 0.162%（$p<0.001$）。子女兄弟姐妹数对家庭教育支出产生明显的负向效应（$p<0.001$），子女兄羔姐妹数每增加一个，家庭对每个子女的教育支出就会相应降低 3.23%。

表 6－3　家庭教育支出影响因素的多元线性回归模型（$N=5019$）

变量	模型 1	模型 2	模型 3	模型 4	模型 5
父母最高受教育程度（小学及以下＝0）					
初中	0.361*** (0.058)	0.338*** (0.058)	0.337*** (0.058)	0.337*** (0.058)	0.337*** (0.058)
高中及以上	0.775*** (0.069)	0.632*** (0.073)	0.628*** (0.073)	0.627*** (0.073)	0.628*** (0.073)
家庭年收入（对数）	0.162*** (0.021)	0.148*** (0.021)	0.148*** (0.021)	0.147*** (0.021)	0.148*** (0.021)
子女兄弟姐妹数	－0.323*** (0.029)	－0.292*** (0.029)	－0.296*** (0.030)	－0.277*** (0.039)	－0.297*** (0.030)
子女户口（农村＝0）		0.366*** (0.069)	0.364*** (0.069)	0.364*** (0.069)	0.353*** (0.093)
子女性别（女孩＝0）			－0.070 (0.048)	－0.030 (0.070)	－0.074 (0.053)
子女性别×子女兄弟姐妹数				－0.043 (0.054)	
子女性别×子女户口					0.020 (0.118)
子女年龄	0.021** (0.007)	0.018* (0.007)	0.018* (0.007)	0.018* (0.007)	0.018* (0.007)
地区（西部＝0）					
中部	0.517*** (0.060)	0.502*** (0.059)	0.502*** (0.059)	0.503*** (0.059)	0.502*** (0.059)
东部	0.599*** (0.061)	0.580*** (0.061)	0.579*** (0.061)	0.579*** (0.061)	0.579*** (0.061)
常数项	4.856*** (0.228)	4.992*** (0.228)	5.034*** (0.230)	5.019*** (0.230)	5.036*** (0.230)
R^2	0.137	0.142	0.142	0.142	0.142

*** $p<0.001$，** $p<0.01$，* $p<0.05$。

注：括号内的数字为标准误。

模型 2 在模型 1 的基础上又加入了户籍的影响。分析结果显示，城市户籍家庭对子女的教育支出显著高于农村家庭（$p < 0.001$）。城乡户籍导致的家庭教育支出差异可能是由教育产品的市场价格差异造成的。在经济发达地区，教育市场提供的产品的质量和价格都可能会更高，比如高水平的家教和辅导机构以及文化产品等，这背后其实反映了地区教育资源的差异，即经济发达地区的教育资源更优质，因此市场价格更高。相比于城市家庭，农村地区教育资源尤其是市场上的教育资源相对匮乏，相应的教育支出也表现出差距。模型 3 在模型 2 的基础上加入了性别变量的影响。通过分析发现：在控制了其他所有变量的影响后，性别的影响系数为负数，但统计检验依然不显著；家庭社会经济地位对家庭教育支出的影响（$p < 0.001$）以及子女兄弟姐妹数对家庭教育支出的影响（$p < 0.001$）依然都非常显著，即家庭社会经济地位越高，对子女的家庭教育支出水平越高，子女的兄弟姐妹数越多，家庭对该子女的教育支出越少；相比于农村家庭，城市家庭对子女的教育支出优势非常明显（$p < 0.001$）。

表 6－3 还使用了两个交互模型即模型 4 和模型 5 来检验不同群体是否存在性别差异效应。模型 4 使用子女性别和子女兄弟姐妹数的交互项，模型 5 使用子女性别和子女户口的交互项来分别检验子女性别和子女兄弟姐妹数之间的交互效应，以及子女性别和城乡户口之间的交互效应。可以看到，两个交互项的回归系数在统计上均不显著，这表明虽然子女兄弟姐妹数增多，在多子女家庭中，分摊在每个孩子的教育支出被稀释，但是这种稀释效应不会因孩子性别差异而发生显著变化。性别和城乡户口之间的交互效应同样如此，无论是城市家庭还是农村家庭，在家庭教育支出上并不存在性别上的分配不均。

综合模型 1 到模型 3 的检验还可以发现，在经济理性、性别观念和制度分割等影响因素对家庭教育支出所产生的作用中，家庭社会经济地位和子女兄弟姐妹数代表的经济理性因素对家庭教育支出的影响相对更大。这可以从模型解释力上得到反映，表 6－3 模型 3 的 R^2 为 14.2%，而模型 1 的 R^2 就达到了 13.7%，说明在本研究所考虑的影响因素中，家庭经济理性因素解释了家庭教育支出的绝大部分变动。城乡户籍因素变量组解释了一部分家庭子女教育支出的变动，而性别变量对家庭子女教育支出的变化几乎不产生影响。

关于控制变量，在子女年龄方面，家庭对不同年龄子女的教育支出也表现出了差异。高年龄的孩子比低年龄的孩子的教育支出更高，这反映了随着子女年龄的增长，家庭教育支出可能会越来越高。在地区方面，地区差异对家庭教育支出的影响比较明显，相较于经济较为落后的西部地区，经济较为发达的东部地区比中部地区和西部地区家庭的教育支出明显更高，中部地区家庭的教育支出又高于西部地区。

针对儿童学龄前教育和学龄教育，中国实行了不同的教育政策。国家在小学、初中，甚至部分地区在高中阶段都实行了义务教育，义务教育阶段免收学费和杂费。但是我国的学前教育仍然实行收费政策，这对弱势群体产生的消极影响可能会更大。表 6－4 的模型考察了子女学龄以及子女学龄和子女户口的交互作用产生的影响。交互模型中子女学龄和子女户口的交互系数为正数，说明城乡家庭教育支出的差距在学龄前更大，城乡家庭投资差距在儿童早期教育阶段即学龄前表现得更为明显。

表 6－4　子女学龄对教育支出的影响及城乡差异（$N=5019$）

变量	交互模型
学段（学龄后＝0）	0.989***　(0.081)
子女户口（农村＝0）	0.258***　(0.077)
子女学龄×子女户口	0.546***　(0.132)
R^2	0.178

*** $p<0.001$。

注：括号内的数字为标准误；本表其他自变量和控制变量与表 6－3 相同，本表未显示这些变量的影响。

二　家庭“影子”教育支出的 Tobit 回归分析

近些年“影子”教育发展非常迅速，辅导班、补习班火爆，扩展性的校外教育支出在家庭教育支出的比重越来越大，本部分重点考察了家庭“影子”教育支出的影响因素。表 6－5 的分析结果显示，在控制了其他所有变量的影响后，子女性别的影响系数为负数，但统计检验不显著；家庭社会经济地位对家庭“影子”教育支出的影响（$p<0.001$）以及子女兄弟姐妹数对家庭“影子”教育支出的影响（$p<0.001$）依然都非常显著，即家庭社会经济地位越高，对子女投入的“影子”教育支出就越高，子女的兄弟姐妹数越多，家庭对该子女的“影子”教育支出投入就越少；相比于农村家庭，

城市家庭对子女的“影子”教育支出优势非常明显（$p<0.001$）。

表 6－5 的两个交互模型交互项的回归系数在统计上均不显著，这表明家庭“影子”教育支出不存在性别差异，即无论是在城市家庭还是在农村家庭，无论是在多子女家庭还是少子女家庭，“影子”教育支出都不存在性别上的分配不均。

表 6－5　“影子”教育支出影响因素的 Tobit 回归模型（N＝5019）

变量	模型 1	模型 2	模型 3	模型 4	模型 5
父母最高受教育程度（小学及以下＝0）					
初中	2.357*** (0.451)	2.028*** (0.438)	2.018*** (0.438)	2.020*** (0.438)	2.018*** (0.438)
高中及以上	5.376*** (0.497)	3.383*** (0.510)	3.357*** (0.510)	3.360*** (0.510)	3.356*** (0.510)
家庭年收入（对数）	1.012*** (0.159)	0.770*** (0.155)	0.776*** (0.155)	0.776*** (0.155)	0.776*** (0.155)
子女兄弟姐妹数	－3.170*** (0.249)	－2.366*** (0.244)	－2.403*** (0.246)	－2.460*** (0.324)	－2.403*** (0.246)
子女户口（农村户口＝0）		4.651*** (0.424)	4.628*** (0.424)	4.628*** (0.424)	4.623*** (0.557)
子女性别（女孩＝0）			－0.478 (0.324)	－0.565 (0.456)	－0.482 (0.391)
子女性别×兄弟姐妹数				0.118 (0.438)	
子女性别×子女户口					0.010 (0.693)
子女年龄	0.793*** (0.052)	0.723*** (0.051)	0.723*** (0.051)	0.723*** (0.051)	0.723*** (0.051)
地区（西部＝0）					
中部	3.967*** (0.448)	3.659*** (0.436)	3.653*** (0.436)	3.652*** (0.436)	3.653*** (0.436)
东部	3.515*** (0.452)	3.197*** (0.441)	3.184*** (0.441)	3.185*** (0.441)	3.184*** (0.441)

续表

变量	模型 1	模型 2	模型 3	模型 4	模型 5
常数项	-26.733***	-24.163***	-23.907***	-23.874***	-23.905***
	(1.879)	(1.816)	(1.822)	(1.826)	(1.827)
Pseudo R^2	0.079	0.090	0.090	0.090	0.090

*** $p < 0.001$。

注：括号内的数字为标准误。

第四节 “扩大中的鸿沟”：不同群体家庭子女教育投资的比较

为了进一步考察家庭教育支出的群体差异，本部分重点比较收入和城乡背景的影响，重点分析三个问题：一是分析在市场化转型时期家庭教育支出普遍增加的情况下，不同群体的子女教育支出水平是否存在结构性的不平等；二是通过收入弹性的比较，分析不同群体的家庭在子女教育投资意愿上是否存在显著差异。

一 不同群体家庭子女教育支出状况的比较

本研究尝试从不同收入家庭和城乡不同户籍家庭两个方面比较不同社会群体的家庭在子女教育投资上的差异。本研究将家庭收入从低到高按每20%进行五等分组，图6-2展示了教育支出在家庭收入分位数上的变化。从中可以看出，随着收入的递增，在学前、小学和初中三个阶段，子女教育支出总体上也呈现逐渐增加的趋势。家庭收入越高，子女教育支出就越高。需要注意的是，不同家庭收入分位数上的子女教育支出的增长幅度存在差异，相比于较低收入组，较高收入组的增幅更明显。低收入组和中等偏下收入组的家庭教育支出相差不大，但是中等偏上收入组和高收入组的家庭教育支出的上升幅度明显在增加。以初中阶段为例，中等偏下收入组、中等收入组、中等偏上收入组和高收入组家庭子女教育支出分别是低收入组的1.2倍、1.3倍、1.5倍和2.0倍，中等偏上收入组和高收入组在教育支出上的增加幅度相对更大。

在“影子”教育支出上，家庭也存在相似的情况。如图6-3所示，随

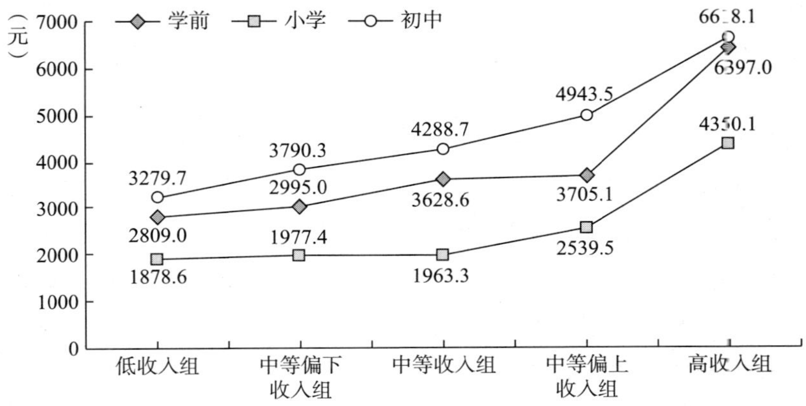

图 6－2　家庭收入五等分各组子女总教育支出的分布

着收入的增加，高收入家庭的“影子”教育支出增长幅度较大，而中低收入家庭的增幅较小。以小学阶段为例，前三个收入分位数上的家庭“影子”教育支出差异不大，分别为 243.8 元、319.1 元和 476.7 元，但是到第 4 分位数上升的速度明显加快，中等偏上收入组约是中等收入组的 1.5 倍，高收入组的上升速度最快，是中等偏上收入组的 2 倍多。无论是家庭教育总支出还是“影子”教育支出，高收入阶层家庭的增长速度明显快于较低收入阶层家庭的增长速度，这种“增长的差异”进一步加剧了不同阶层在家庭教育投资上的分化。

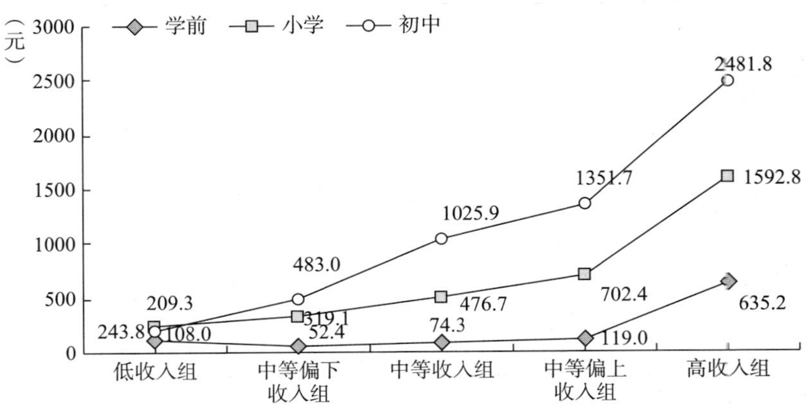

图 6－3　家庭收入五等分各组子女“影子”教育支出的分布

表 6－6 对比了城乡家庭对子女的教育支出情况。从家庭全年总教育支

出来看，整体上城市家庭明显高于农村家庭，其中城市家庭全年教育总支出为6339.7元，农村家庭仅为2586.2元，城市家庭是农村家庭的2.5倍。分学前、小学和初中三个学段来看，城市家庭全年教育支出总额分别是农村的2.9倍、2.6倍和1.7倍。子女所处的教育阶段越早，城乡家庭经济投入的差距越大。就全年"影子"教育支出而言，城乡差距更为明显，城市家庭总体为2225.1元，约是农村家庭的10倍。同样是子女所处的教育阶段越早，城乡家庭经济投入的相对差距就越大。在学前教育时期，城市家庭全年"影子"教育支出（如花在孩子课外辅导班、兴趣班等方面的费用）是农村家庭的16倍多。此外，从全年"影子"教育支出占全年家庭教育总支出的比重来看，城市家庭总体为35.1%，明显高于农村家庭的8.5%。

我国实行九年义务教育，免收学费和学杂费，学校收费的项目和依据也趋向于标准化和公开透明，城乡家庭在学校教育支出方面的差距在缩小。但是在学前教育尤其是"影子"教育支出上的差距十分明显，城市家庭把对子女三成多的教育花费用在了"影子"教育上，而农村家庭在这方面的花费还不到总教育支出的1/10。造成这种现象的原因一方面是农村家庭收入水平普遍偏低，无法在课外辅导班等"影子"教育上进行更多的经济投入，另一方面可能是农村教育资源匮乏、课外辅导市场发展相对缓慢。

表6-6 城乡家庭全年教育总支出与"影子"教育支出情况

教育支出		城市（元）	农村（元）	城乡比
全年教育总支出（元）	学前	8727.1	3031.5	2.9
	小学	5009.8	1909.4	2.6
	初中	6717.9	3855.1	1.7
	总体	6339.7	2586.2	2.5
全年"影子"教育支出（元）	学前	997.8	60.7	16.4
	小学	2441.8	234.8	10.4
	初中	3024.6	424.4	7.1
	总体	2225.1	220.3	10.1

二　不同群体家庭子女教育支出的收入弹性分析

本研究通过多元回归分析，进一步对家庭教育支出的收入弹性及在不同群体中的差异进行分析。收入弹性是一个经济学概念，是衡量消费者收入变动时需求量变化的程度大小，它反映出消费需求对收入变动的灵敏度（曼昆，2015：105）。随着家庭收入的增加，家庭教育投资的增加幅度即“弹性”也是存在差异的。收入弹性的系数大于1，表明随着家庭收入的增加，家庭教育支出也随之增加，并且增加的幅度大于家庭收入增加的幅度。收入弹性的系数大于0小于1，表明随着家庭收入的增加，家庭教育支出也随之增加，但增加的幅度小于家庭收入增加的幅度。本研究试图通过对家庭教育支出收入弹性的分析来分析不同群体教育投资意愿的差异。

表6－7和表6－8分别呈现了不同群体家庭子女教育总支出和“影子”教育支出的多元回归分析结果。需要说明的是，表6－7和表6－8的多元回归分析对收入群体的划分并未采用描述性分析部分将家庭收入五等分的方式，而是采用二分法，即将前三个收入分位合并为“中低收入组”，将后两个收入分位合并为“中等以上收入组”。采用这样的处理方式，一是为了简化分析，二是基于描述性分析结果，相比于后两个收入分位，前三个收入分位教育支出的增加幅度相对较小，采用合并处理的方式更容易检验不同群体在教育支出上增长的差异。

表6－7中的模型1是对全部样本的检验结果，分析显示家庭收入对子女教育支出具有显著的正向影响，影响系数为0.113（$p<0.001$）。这表明家庭收入越高，子女教育支出就越可能增加。城市家庭的影响系数为0.242（$p<0.001$），表明城市家庭的子女教育支出显著高于农村家庭的子女教育支出。模型2和模型3分别针对不同收入群体子女教育总支出的分析显示，中等以上收入组的收入弹性系数为0.333（$p<0.001$），中低收入组的收入弹性系数为0.064（$p<0.05$），中等以上收入组的收入弹性系数明显高于中低收入组，表明增加同样幅度的家庭收入，处于中等以上收入组的家庭投入家庭教育的增加幅度相对更大。模型4和模型5分别针对城乡家庭子女教育总支出的分析显示，城市家庭教育支出的收入弹性系数为0.224（sig. < 0.001），农村家庭教育支出的收入弹性系数为0.096（sig. < 0.001），农村家庭教育支出的收入弹性系数小于城市家庭，表明增加同样幅度的家庭收入，城市家庭投入家庭教育的增加幅度更大。

表 6-7　不同群体家庭子女教育总支出的 OLS 回归分析结果

变量	模型 1（全部样本）	模型 2（中等以上收入组）	模型 3（中低收入组）	模型 4（城市组）	模型 5（农村组）
家庭年收入对数	0.113*** (0.020)	0.333*** (0.072)	0.064* (0.028)	0.224*** (0.053)	0.096*** (0.022)
城市家庭（农村家庭=0）	0.242*** (0.067)	0.278** (0.088)	0.148 (0.100)		
控制变量	已控制	已控制	已控制	已控制	已控制
区县固定效应	已固定	已固定	已固定	已固定	已固定
R^2	0.241	0.280	0.206	0.246	0.626
样本量	5019	2006	3013	1015	4004

*** $p<0.001$，** $p<0.01$，* $p<0.05$。

注：限于篇幅，模型未显示控制变量的回归结果；括号内的数字为标准误。

表 6-8 呈现了不同群体家庭子女“影子”教育支出的 Tobit 回归分析结果。模型 6 是对全部样本的检验结果，分析显示家庭收入对子女“影子”教育支出具有显著的正向影响，影响系数为 0.783（$p<0.001$）。这表明家庭收入越多，家庭对子女在课外辅导班、兴趣班等方面的支出就越可能增

表 6-8　不同群体家庭子女“影子”教育支出的 Tobit 回归分析结果（边际效应）

变量	模型 6（全部样本）	模型 7（中等以上收入组）	模型 8（中低收入组）	模型 9（城市组）	模型 10（农村组）
家庭年收入对数	0.783*** (0.155)	2.277*** (0.450)	0.057 (0.227)	0.993*** (0.265)	0.698*** (0.206)
城市家庭（农村家庭=0）	4.376*** (0.423)	3.804*** (0.565)	5.121*** (0.633)		
控制变量	已控制	已控制	已控制	已控制	已控制
区县固定效应	已固定	已固定	已固定	已固定	已固定
Pseudo R^2	0.112	0.112	0.109	0.066	0.081
样本量	5019	2006	3013	1015	4004

*** $p<0.001$。

注：限于篇幅，模型没有列出回归系数值，仅列出了回归系数的边际效应值，同样也未显示控制变量的回归结果；括号内的数字为标准误。

加。城市家庭的影响系数为4.376（$p<0.001$），表明城市家庭在“影子”教育支出上非常显著地多于农村家庭。模型7和模型8分别针对不同收入群体子女“影子”教育支出的分析显示，中等以上收入组的收入弹性系数为2.277（$p<0.001$），远远高于中低收入组的收入弹性系数0.057，表明增加同样幅度的家庭收入，处于中等以上收入组的家庭投入“影子”教育的增加幅度相对更大。模型9和模型10分别针对城乡家庭子女“影子”教育支出的分析显示，城市样本家庭的收入弹性系数为0.993（$p<0.001$），农村样本家庭的收入弹性系数为0.698（$p<0.001$）。农村家庭“影子”教育支出的收入弹性系数显著小于城市家庭，表明增加同样幅度的家庭收入，城市家庭投入“影子”教育的增加幅度更大。

第五节　小结及讨论

家庭教育投资是促进儿童学业进步和全面发展的重要经济支持，本章从家庭经济理性、性别观念和制度安排三个方面尝试对家庭子女教育支出进行了解释。通过描述性分析和多元回归分析，本章得出以下主要结论。

第一，家庭社会经济地位和子女兄弟姐妹数对当代中国家庭教育支出具有非常显著的稳定影响。多元回归分析结果表明父母受教育程度越高，家庭收入越高，子女的教育支出就会越高。在子女兄弟姐妹数方面，子女兄弟姐妹数越多，平均每个子女的教育支出就越少，这表明家庭在一定经济支出能力的约束下，子女数越多，家庭的货币资源就越容易被“稀释”。因此，家庭社会经济地位假设和资源稀释假设在家庭教育投资中均得到验证。

第二，性别观念对当代中国家庭教育支出的变化没有显著影响。传统的男女有别的教育投资观念已经发生改变。本研究回归模型的分析结果表明，无论是在城市家庭还是在农村家庭，无论是在独生子女家庭还是在多子女家庭，家庭教育支出情况在男孩和女孩身上已经不存在显著差异。因此，性别观念假设在家庭教育投资中未得到验证。

第三，城市家庭对子女的教育投资水平显著高于农村家庭，户籍制度假设在家庭教育投资中得到验证。城市家庭的教育支出水平显著高于农村家庭，尤其是在课外补习支出上，二者差距十分明显，城乡家庭的学业竞争已经从校内扩展到校外。近些年“影子”教育越来越热，辅导班、补习班火爆，课外补习支出本质上仍是家庭追求更优质教育的表现，这显然会影响到城乡家庭子女获取优质教育的机会，维持甚至强化了城乡教育分层。

对于以上主要研究结论，本研究尝试从以下四个方面进行解释。

第一，家庭收入水平对家庭子女教育支出的重要影响很大程度上源于中国教育市场化尤其是高等教育市场化的转型。杨东平（2004）认为，高等教育市场化改革是新公共管理改革的一个组成部分，旨在改变政府治理方式，通过引入市场机制配置资源、调整结构，提高高等教育的活力、质量和效率。它在实践中主要有三个方面：一是减少国家、政府对高等教育经费投资，增加非政府（市场、个人或家庭）对高等教育的投资；二是强化高等教育与私有经济部门的联系，加强大学与工商界的联系；三是强化私立或民办高等教育的地位和作用。

虽然教育市场化弥补了政府教育经费供给不足的现状，实际上却加剧了教育获得的不平等，教育逐渐走向市场化，无形中加重了个体家庭的经济负担，尤其是高校扩招以及收费改革，学前教育的非义务性质，各种“补习班”、特长班等将改革前的免费教育资源逐渐推向市场，成为“教育产品”。美国虽然较早推行了教育市场化，但直到 20 世纪末，其教育还主要是由政府提供，市场化程度很低。1998 年，美国初等和中等教育中，89% 的学生就读于公立学校，政府负担了总经费的 91%；高等教育中，77% 的学生就读于公立学校，政府负担了总经费的 47 %，而学费只占 28 %（袁连生，2003）。我国公立学校的市场化程度，特别是义务教育的市场化程度，已经远远高于发达的市场经济国家（袁连生，2003）。因此，在国家各级教育经费投入明显不足的情况下，教育市场化趋势的加剧加重了不同家庭背景对子女教育的影响，收入越高的家庭，教育支出越高。

随着我国经济体制和市场化改革，市场对教育的影响作用越来越大。为了缩小不同收入水平家庭在教育支出上的差异，减轻贫困家庭的教育负担，国家要增加各级教育的公共投资力度，完善针对贫困生的补助政策。此外，要通过改善国民收入分配机制缩小居民收入差距，提高贫困家庭收入水平，保障其教育支出。

第二，传统上子女性别结构和子女数量对家庭教育资源分配的双重影响已经转变为单纯子女数量的影响，这实际上反映了家庭预算约束下支出分配模式的变迁。过高的生育率一直被认为是发展中国家人力资本积累的主要障碍之一（Lee, 2004）。针对不同国家的研究发现，生育率和针对每个儿童的教育投资具有非常显著的负相关性。Becker & Lewis（1973）的“质量－数量”替代理论（quality-quantity trade-off theory）认为，子女数量的增多会限制家庭货币与非货币资源的分配，在预算约束下，孩子的父母会在孩子的质量与数量之间做出权衡取舍。但是，中国传统的家庭教育资源的性别差异化分配的改变很大程度上是由计划生育政策推动的。中国的计划生育政策加速了人口转变的趋势，也改变了家庭的生育观念、教育投资观念和性别观念，促进了性别的教育平等化。传统的根深蒂固的“重男轻女”观念已经发生了根本上的变化。因此，从某种程度上讲，计划生育政策带来了家庭层面孩子数量的减少，提高了孩子质量，也即家庭子女数量的减少最终带来了家庭子女质量即人力资本的显著提高。家庭教育支出的性别平等化反映和预测着中国教育性别平等化的必然趋势，目前已有的文献多指出教育获得仍存在微弱的性别差异，但是可以预测这种微弱的性别差异也会很快消失，男女两性最终在教育获得上会实现平等。

第三，城乡和地区的差异反映了中国教育资源分布的不均衡。城乡之间和不同经济水平的地区之间，在教育质量上仍旧存在很大差异。本研究的分析结果还显示，城乡家庭教育支出的差距在儿童学龄前和学龄阶段也是有显著差异的。我国的义务教育是小学到初中的九年制义务教育，学前教育并没有纳入国家义务教育体系。当前农村地区普遍存在着幼儿园普及率低、办园条件差、农村家庭对学前教育忽视等诸多问题。Carneiro 和 Heckman（2003）认为，人力资本的投资回报率具有阶段差异性（见图 6－4），在能力既定的前提下，人力资本投资的经济回报率随着个体年龄的增长呈现逐渐下降的趋势，儿童期的投资比后期的补救性教育具有更高的成本效益。在高质量的早期教育上，每 1 美元的投入会产生 7～10 美元的回报（Heckman et al.，2010）。因此，儿童早期教育投资的经济回报率在所有年龄阶段中最高。

国家越来越重视儿童早期的教育。2010 年颁布的《国家中长期教育改革和发展规划纲要（2010—2020 年）》提出，积极发展学前教育，到 2020 年，普及学前一年教育，基本普及学前两年教育，有条件的地区普及学前三年教育。重视 0～3 岁婴幼儿教育。《国家中长期教育改革和发展规划纲

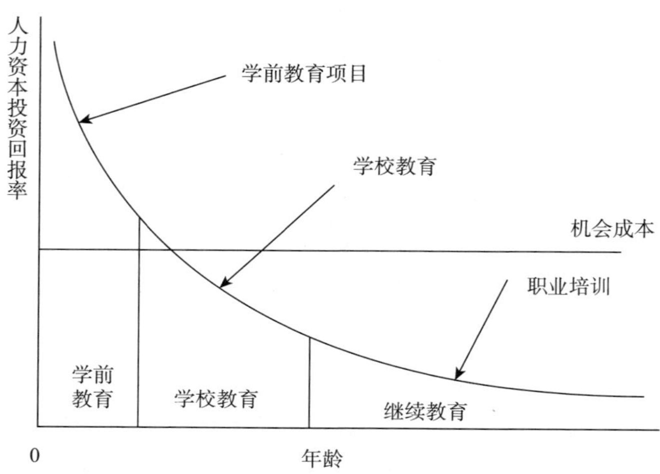

图 6－4　人力资本回报率的阶段差异

资料来源：Carneiro & Heckman，2003。

要（2010—2020 年）》还提出重点发展农村地区学前教育，将学前教育纳入义务教育体系，将为农村家庭以及贫困家庭提供更多的学前教育机会。

第四，在市场化转型时期，子女教育支出存在的结构性不平等与“增长的分化”加剧了弱势群体家庭的教育累积劣势，导致不同群体之间的教育“鸿沟”不断扩大。自改革开放以来，我国经历着由计划经济向市场经济的转型。经济的快速增长为家庭增加子女教育支出、加强人力资本积累提供了经济能力，但是以家庭为轴心的教育资源分配模式造成在资本谱系上处于不同位置的家庭，在子女教育投资上形成结构性的不平等。这一状况在中国公共教育投资不足、教育市场化进程加速、家庭收入分化加剧的背景下得到进一步强化。近些年，随着我国“影子”教育的发展，教育竞争场域逐渐从校内位移到校外，由学校转向市场，家庭开始在学校之外竞争教育资源，不同群体的社会经济背景对家庭教育投资的影响权重在增加，这进一步加剧了家庭教育投资的不平等。

本章基于描述性统计分析发现，家庭子女教育支出存在结构上的差异，这种差异主要体现在以下两个方面。第一，不同就学阶段的教育支出存在差异。子女教育总支出随教育阶段差异呈现先降后升的“V”形结构，即学前教育阶段的支出和初中教育阶段的支出高于小学教育阶段，而校外“影子”教育支出从学前到小学再到初中则呈现比较明显的递增趋势。第二，不同群体的家庭在子女教育支出水平上存在差异。与较高收入组、城市户籍家庭相比，收入较低的家庭、农村户籍的家庭在子女总教育支出以及“影子”教育支出上不仅具有明显的相对劣势，而且教育支出的增幅也相对较小。

本章基于多元回归模型的检验表明，不同群体的子女教育投资存在显著的差异。无论是子女教育总支出还是“影子”教育支出水平，收入较高的家庭显著高于收入较低的家庭，城市家庭显著高于农村家庭。通过进一步比较教育支出的收入弹性系数，本研究发现不同群体家庭在教育投资意愿上也存在显著差异。家庭收入增加，中等以上收入家庭和城市家庭比中低收入家庭和农村家庭把经济收入更多地用于教育投资。这种“增长的分化”进一步加剧了弱势群体家庭子女的教育累积劣势，使这些家庭在教育促进社会流动的竞赛中越来越“掉队”。

第七章
家庭社会经济地位、城乡差异与父母参与

第一节 研究目标

本部分的主要研究目标有两个：一是使用统计描述方法，描述目前中国家庭父母参与的基本情况，以及在不同影响变量上的分布情况，比较不同群体父母参与情况的差异；二是使用回归分析方法，分析父母参与的影响因素，主要检验家庭经济理性考虑、性别观念因素和户籍制度因素对父母参与的影响。基于第三章提出的四个假设，本章待检验的具体假设内容包括以下几个方面。

社会经济地位研究假设：家庭社会经济地位越高，父母参与程度越高，父母参与质量越好。

资源稀释假设：子女兄弟姐妹数量越多，分配到每个孩子身上的父母参与程度越低，父母参与质量越差。

性别观念假设：家庭对男孩教育的父母参与水平高于女孩；农村家庭父母参与的男孩偏好比城市家庭更明显；子女数越多的家庭，父母参与越容易表现出男孩偏好。

城乡户籍假设：相比于农村家庭，城市家庭的父母参与水平更高，父母参与质量更好。

第二节　描述性统计结果

一　学龄前儿童的父母参与

本研究把儿童教育中的父母参与行为区分为学龄前阶段和学龄阶段两个不同部分，其中学龄前阶段又区分为1~2岁儿童群体和3~5岁儿童群体。学龄阶段包括了6~15岁儿童群体。学龄前儿童教育一般也称作早期家庭教育。行为模式、个人能力的发展和学习过程始于幼儿时期，并在这个阶段定型。幼儿大脑发育取决于环境刺激，研究表明，0~3岁是人类大脑发育最快的时期，也是婴幼儿体质发育和性格形成的关键时期，并且这种早期发展的影响可持续终生（戴耀华、关宏岩，2004）。Carneiro和Heckman（2003）认为，人力资本的投资回报率具有阶段差异性，人力资本投资的经济回报率随着年龄的增长呈现逐渐下降的趋势，儿童期的投资比后期的补救性教育具有更高的成本效益。儿童早期教育投资的经济回报率在所有年龄阶段中最高。

本研究将父母参与的频率依次区分为“一年几次或更少”、“每月一次”、“每月两三次”、“一周数次”和“每天”，并分别赋值为1~5分。如表7-1和表7-2所示，总体来看，父母在学龄前儿童教育的参与水平上总体不高，在两个年龄阶段的平均得分均低于3分（偶尔），说明有意识的系统性智力开发和教育在目前中国家庭中还不普遍。表7-1对0~2岁儿童的父母参与情况进行了描述。父母在对婴幼儿教育的参与中，最频繁的教育方式是帮助孩子识数，其次依次是分辨颜色和形状。表7-1同时对不同影响变量和父母参与水平进行了双变量的显著度检验。不同受教育程度父母在父母参与水平上差别非常显著，父母受教育程度越高，父母参与得分就越高，最高受教育程度为高中及以上的父母对子女教育的参与水平比双方最高受教育程度为小学及以下的父母的参与水平能高出约1分。家庭人均年收入对父母参与水平也具有非常显著的积极影响，更高收入组的家庭中父母参与得分也更高。父母对男孩教育的参与水平略高于女孩，但是这种显著性不是非常明显（t检验显著度 $p=0.020$）。城市家庭父母的平均参与水平比农村家庭高出了约0.54分，差别非常显著。子女兄弟姐妹数和父母参与水平之间也具有非常显著的相关，子女兄弟姐妹数越少，该子女享有的父母参与水平就越高。从地区差异来看，东部地区家庭的父母参与得分高于中部地区，中部地区又高于西部地区，地区差异显著。

表 7－1 学龄前儿童（0～2 岁）父母参与情况描述性统计

自变量	指标（样本量）	父母参与平均得分（分）	显著性检验
帮助孩子分辨颜色（1～5 分）	（1408）	2.95	——
帮助孩子分辨形状（1～5 分）	（1409）	2.68	——
帮助孩子识数（1～5 分）	（1409）	3.02	——
综合平均得分（1～5 分）	（1409）	2.89	——
子女性别	男（742）	2.97	$p=0.020$
	女（667）	2.79	
子女户口	城市（356）	3.29	$p=0.000$
	农村（1053）	2.75	
子女兄弟姐妹数	0 个（598）	3.25	$p=0.000$
	1 个（667）	2.69	
	2 个及以上（144）	2.26	
家庭人均年收入五等分组	低收入组（282）	2.33	$p=0.000$
	中等偏下收入组（289）	2.72	
	中等收入组（275）	2.83	
	中等偏上收入组（282）	3.16	
	高收入组（281）	3.39	
父母最高受教育程度	小学及以下（124）	2.17	$p=0.000$
	初中（437）	2.60	
	高中及以上（848）	3.14	
地区	西部（445）	2.67	$p=0.000$
	中部（395）	2.80	
	东部（569）	3.11	

表 7－2 对 3～5 岁儿童的父母参与情况进行了描述。在 3～5 岁儿童的教育上，父母参与的水平比 0～2 岁的得分略有降低，但差别不大。具体来看，在此年龄段儿童的教育上，在问卷所测量的几个父母参与指标上，父母给孩子讲故事、帮孩子识字和带孩子出游的得分较高，给孩子买书的得

分较低。从双变量关系的检验看，不同父母受教育程度在父母参与水平上差别非常显著，最高受教育程度为高中及以上的父母对子女教育的参与水平比双方最高受教育程度为小学及以下的父母参与水平能高出 1.06 分。家庭人均年收入对父母参与水平也具有非常显著的积极影响。父母对男孩教育的参与水平略高于女孩，但是这种差异并不显著。城市家庭父母的平均参与水平（3.30 分）比农村家庭（2.58）高出了 0.72 分，差别非常显著。子女兄弟姐妹数和父母参与水平之间也具有非常显著的相关，子女兄弟姐妹数越少，该子女享有的父母参与水平就越高。从地区差异看，东部地区家庭的父母参与得分高于中部地区，中部地区又高于西部地区，地区差异显著。

表 7－2　对学龄前儿童（3～5 岁）父母参与情况的描述性统计

自变量	指标（样本量）	父母参与平均得分（分）	显著性检验
给孩子讲故事（1～5 分）	（1654）	3.01	——
给孩子买书（1～5 分）	（1654）	1.89	——
带孩子出游（1～5 分）	（1654）	2.98	——
帮孩子识字（1～5 分）	（1654）	2.98	
综合平均得分（1～5 分）	（1654）	2.72	——
子女性别	男（889）	2.73	$p=0.556$
	女（765）	2.70	
子女户口	城市（319）	3.30	$p=0.000$
	农村（1335）	2.58	
子女兄弟姐妹数	0 个（575）	3.05	$p=0.000$
	1 个（818）	2.64	
	2 个及以上（261）	2.22	
家庭人均年收入五等分组	低收入组（332）	2.24	$p=0.000$
	中等偏下收入组（330）	2.48	
	中等收入组（331）	2.74	
	中等偏上收入组（331）	2.91	
	高收入组（330）	3.21	
父母最高受教育程度	小学及以下（222）	2.03	$p=0.000$
	初中（614）	2.46	
	高中及以上（818）	3.09	

续表

自变量	指标（样本量）	父母参与平均得分（分）	显著性检验
地区	西部（537）	2.48	$p=0.000$
	中部（490）	2.74	
	东部（627）	2.90	

二 学龄儿童的父母参与

CFPS问卷中设计了六个问题来反映父母对子女的学习和生活关怀，以及家庭沟通情况。家庭参与子女教育还体现在家长对孩子平时学习活动的监督和管教方面。有研究表明，家长对孩子家庭作业、学校生活和看电视等一系放学后活动的关怀有利于孩子作业的完成和学习上的进步（Muller, 1998）。表7-3所示的父母参与行为是家长根据调查近一个月来的表现所做出的判断。在学龄儿童的教育上，父母参与子女教育的水平明显比学龄前的平均水平有所提高，总体平均得分为3.32分，高于学龄前两个年龄阶段，即0~2岁的2.89分和3~5岁的2.72分，说明在孩子正式上学之后，父母更加重视对子女智力上的开发和管教。但是在不同的参与内容上，家长的表现也有所不同。分析显示，总体来看，家长对子女学习的关怀和监督行为，表现最好的是"要求孩子完成家庭作业"（平均分为3.95分），表现最差的是"限制孩子所看电视节目的类型"，这说明家庭对孩子观看电视节目类型的指导不够。这也可能是由于家长较多阻止了孩子看电视，从而造成该选项得分偏低。同时，我们可以注意到，虽然城乡两类家庭里超过八成的中国家长能够做到经常要求孩子完成家庭作业，但是能够经常检查孩子作业的家长比例则相对较低，对孩子提供进一步的学习帮助表现还不够。

表7-3 对学龄儿童（6~15岁）父母参与情况的描述性统计

自变量	指标（样本量）	父母参与平均得分（分）	显著性检验
为不影响孩子学习放弃看电视（1~5分）	（4449）	3.32	——
和孩子讨论学校里的事情（1~5分）	（4886）	3.21	——

续表

自变量	指标（样本量）	父母参与平均得分（分）	显著性检验
要求孩子完成家庭作业（1～5分）	（4646）	3.95	——
检查孩子的家庭作业（1～5分）	（4615）	3.32	——
阻止孩子看电视（1～5分）	（4731）	3.50	——
限制孩子所看电视节目的类型	（4705）	2.65	——
综合平均得分（1～5分）	（4897）	3.32	——
子女性别	男（2577）	3.33	$p=0.244$
	女（2320）	3.30	
子女户口	城市（858）	3.48	$p=0.000$
	农村（4039）	3.28	
子女兄弟姐妹数	0个（1156）	3.44	$p=0.000$
	1个（2713）	3.33	
	2个及以上（1028）	3.15	
家庭人均年收入五等分组	低收入组（988）	3.18	$p=0.000$
	中等偏下收入组（1016）	3.25	
	中等收入组（973）	3.32	
	中等偏上收入组（985）	3.39	
	高收入组（935）	3.44	
父母最高受教育程度	小学及以下（1198）	3.13	$p=0.000$
	初中（2107）	3.32	
	高中及以上（1592）	3.46	
地区（%）	西部（1646）	3.33	$p=0.000$
	中部（1404）	3.24	
	东部（1847）	3.37	

从双变量关系的检验看，不同受教育程度的父母在参与水平上差别非常显著，父母受教育程度越高，父母参与得分就越高，最高受教育程度为高中及以上的父母对子女教育的参与水平比最高受教育程度为小学及以下的父母的参与水平高出0.33分。家庭年收入对父母参与水平也具有非常显著的积极影响，更高收入组的家庭的父母参与得分也更高。父母对男孩教育的参与水平略高于女孩，但是差异不显著（t 检验显著度 $p=0.244$）。城

市家庭父母的平均参与水平比农村家庭高出了约 0.20 分，差别非常显著。子女兄弟姐妹数和父母参与水平之间也具有非常显著的相关性，子女兄弟姐妹越少，该子女享有的父母参与水平就越高。从地区差异来看，东部地区家庭的父母参与得分高于中部地区和西部地区，地区差异显著。

从城乡差异来看，如表 7 – 4 所示，城市家庭对子女学习的关怀和监督行为总体上明显好于农村家庭。在“和孩子讨论学校里的事情”这一指标上差距最大（城市比农村高 13.82 个百分点），其次是在“检查孩子的家庭作业”上相差最多（城市比农村高 8.59 个百分点）。虽然农村家庭的绝大多数家长（81.34%）也“要求孩子完成家庭作业”，但是仅有五成多（56.82%）的家长能够“检查孩子的家庭作业”。此外，城市家庭有超过六成的家长能够做到“和孩子讨论学校里的事情”，而农村家长的这一比例不到五成。在阻止看电视以及限制电视节目类型上，农村家庭所占百分比高于城市家庭，但差异不显著。综合比较两类家庭教育参与的差异情况，城市家庭的家长会更注重与孩子的沟通和互动，如跟孩子讨论学校里的事情、检查孩子的家庭作业；农村家庭的家长更容易做到单向要求孩子，如要求孩子完成家庭作业、阻止孩子看电视。这种现象可能和城乡家庭中家长的工作时间、照顾精力和文化水平的差异有关系，但也可能是教育方式上的差异，即农村家长可能更不注重互动式的参与，认为单向的要求就可以了。

表 7 – 4　城乡家庭经常在子女学习上进行关怀和监督的比例
（“每周 2 次以上”所占比例）

单位：%

	总体	城市	农村	城乡差度	显著度
为不影响孩子学习放弃看电视	55.54	61.55	54.30	7.25	$p = 0.003$
和孩子讨论学校里的事情	49.04	60.44	46.62	13.82	$p = 0.000$
要求孩子完成家庭作业	81.34	83.83	80.81	3.02	$p = 0.000$
检查孩子的家庭作业	56.82	63.92	55.33	8.59	$p = 0.000$
阻止孩子看电视	62.18	60.44	62.55	−2.11	$p = 0.632$
限制孩子所看电视节目的类型	36.47	35.73	36.63	−0.90	$p = 0.277$

第三节　多元回归统计分析结果

一　线性回归分析结果

表7－5显示了儿童学龄前儿童（0～2岁）父母参与影响因素的OLS模型分析结果。模型1结果显示，在纳入控制变量子女年龄和家庭所在地区影响的前提下，家庭社会经济地位对父母参与水平具有显著的促进作用。在父母教育背景方面，父母受教育程度越高，父母参与得分就越高（$p<0.001$）。在家庭收入方面，家庭人均年收入的对数每增加一个单位，父母参与水平就提高约0.180分（$p<0.001$）。子女兄弟姐妹数对父母参与水平产生明显的负向效应（$p<0.001$），子女兄弟姐妹数每增加一个，该子女的父母参与水平就降低0.294分。

模型2在模型1的基础上又加入了户籍的影响。分析结果显示，城市家庭的父母参与水平显著高于农村家庭（$p<0.05$）。模型3在模型2的基础上加入了子女性别变量的影响。通过分析发现：在控制了其他所有变量的影响后，性别的影响系数为0.172（$p<0.05$），存在性别差异，这一结果与前面两章对家庭教育期望和家庭教育支出的分析有所不同；家庭社会经济地位对父母参与的影响（$p<0.001$）以及子女兄弟姐妹数对父母参与的影响（$p<0.001$）依然都非常显著，即家庭社会经济地位越高，父母参与水平越高，子女兄弟姐妹数越多，父母参与越少；相比于农村家庭，城市父母参与较多（$p<0.05$）。

表7－5还使用了两个交互模型即模型4和模型5来检验不同群体是否存在性别差异效应。即模型4使用子女兄弟姐妹数和子女性别的交互项，模型5使用子女户口和子女性别的交互项来分别检验子女性别和子女兄弟姐妹数之间的交互效应，以及子女性别和城乡户口之间的交互效应。可以看到，两个交互项的回归系数在统计上均不显著，这表明虽然子女数增多，在多子女家庭中，分摊在每个孩子身上的父母参与活动被稀释，但是这种稀释效应不会因孩子性别差异而发生显著变化。子女性别和城乡户口之间的交互效应同样如此，无论是城市家庭还是农村家庭，在父母参与上并不存在性别上的分配不均。

综合模型1到模型3的检验还可以发现，在经济理性、性别观念和制度分割等影响因素对父母参与所产生的作用中，家庭社会经济地位和子女数量代表的经济理性因素对父母参与的影响相对更大。这可以从模型解释力上得到反映，表7－5模型3为全模型，R^2为0.189，模型1的R^2就达到了0.182，说明在本研究所考虑的影响因素中，家庭经济理性因素解释了父母参与的绝大部分变动。城乡户籍因素变量和性别变量分别解释了一部分父母参与的变动。

关于控制变量的解释。在子女年龄方面，家庭对不同年龄子女的父母参与水平也表现出了差异。高年龄孩子的父母参与得分更高，这反映了随着年龄的增长，家庭越来越多地参与到子女教育中。在地区方面，地区差异对父母参与的影响比较明显，东部地区家庭的父母参与明显高于西部地区，而中部地区和西部地区差异不显著。

表7－5　学龄前儿童（0～2岁）父母参与影响因素的OLS模型（*N*＝1049）

变量	模型1	模型2	模型3	模型4	模型5
父母最高受教育程度（小学及以下＝0）					
初中	0.302* (0.136)	0.307* (0.136)	0.290* (0.136)	0.296* (0.136)	0.290* (0.136)
高中及以上	0.616*** (0.135)	0.563*** (0.137)	0.549*** (0.137)	0.554*** (0.137)	0.549*** (0.137)
家庭人均年收入对数	0.180*** (0.036)	0.161*** (0.036)	0.162*** (0.036)	0.162*** (0.036)	0.162*** (0.036)
子女兄弟姐妹数	－0.294*** (0.049)	－0.296*** (0.049)	－0.297*** (0.049)	－0.266*** (0.067)	－0.297*** (0.049)
子女户口（农村户口＝0）		0.216* (0.088)	0.222* (0.088)	0.220* (0.088)	0.220+ (0.121)
子女性别（女孩＝0）			0.172* (0.070)	0.216* (0.096)	0.171* (0.081)
子女性别×子女兄弟姐妹数				－0.062 (0.092)	
子女性别×子女户口					0.002 (0.161)
子女年龄	0.552*** (0.048)	0.554*** (0.048)	0.550*** (0.048)	0.551*** (0.048)	0.550*** (0.048)

续表

变量	模型 1	模型 2	模型 3	模型 4	模型 5
地区（西部 =0）					
中部	0.090 (0.091)	0.095 (0.091)	0.100 (0.091)	0.098 (0.091)	0.100 (0.091)
东部	0.290*** (0.085)	0.289*** (0.085)	0.292*** (0.085)	0.293*** (0.085)	0.292*** (0.085)
常数项	0.075 (0.358)	0.231 (0.363)	0.149 (0.363)	0.120 (0.366)	0.149 (0.364)
R^2	0.182	0.186	0.189	0.190	0.189

*** $p<0.001$，** $p<0.01$，* $p<0.05$。

注：非再抽样样本；括号内的数字为标准误。

表7－6显示了学龄前儿童（3～5岁）父母参与影响因素的OLS模型分析结果。比较表7－5模型1、模型2和模型3的结果可以发现，3～5岁学龄前儿童父母参与水平的自变量影响情况与0～2岁学龄前儿童的情况基本一致，但也存在差异，最明显的差异是子女性别的影响不再显著，城乡户籍的影响变得非常显著（$p<0.001$）。在交互作用的影响上，表7－6模型4和模型5两个交互项的回归系数均不显著，这表明在3～5岁的学龄前儿童的父母参与行为上，无论是少子女家庭还是多子女家庭，无论是城市家庭还是农村家庭，在子女教育上的父母参与水平都不受子女性别的影响。

综合表7－6模型1到模型3的模型解释力结果同样表明，在经济理性、性别观念和制度分割等影响因素对父母参与所产生作用中，家庭社会经济地位和子女数量代表的经济理性因素对父母参与的影响相对更大。表7－6模型3的R^2为0.234，模型1的R^2就达到了0.223，这说明在本研究所考虑的影响因素中，家庭经济理性因素解释了家庭教育支出的绝大部分变化。城乡户籍因素变量解释了一部分父母参与的变化，性别变量对模型解释力没有贡献。

在控制变量方面，变量的影响也有所变化，在此年龄阶段，随着年龄的增长，父母参与的水平也在增加，但是统计检验变得并不显著。地区差异仍然显著，东部地区的父母在此年龄段上的参与水平比西部和中部地区父母的参与水平显著更高。

表 7－6　学龄前儿童（3～5 岁）父母参与影响因素的 OLS 模型（N＝1654）

变量	模型 1	模型 2	模型 3	模型 4	模型 5
父母最高受教育程度（小学及以下＝0）					
初中	0.228 ** (0.070)	0.237 *** (0.070)	0.237 *** (0.070)	0.237 *** (0.070)	0.236 *** (0.070)
高中及以上	0.706 *** (0.074)	0.656 *** (0.074)	0.656 *** (0.074)	0.655 *** (0.074)	0.656 *** (0.074)
家庭人均年收入对数	0.152 *** (0.024)	0.128 *** (0.025)	0.128 *** (0.025)	0.128 *** (0.025)	0.128 *** (0.025)
子女兄弟姐妹数	－0.163 *** (0.029)	－0.152 *** (0.029)	－0.152 *** (0.029)	－0.172 *** (0.039)	－0.152 *** (0.029)
子女户口（农村户口＝0）		0.288 *** (0.059)	0.288 *** (0.059)	0.289 *** (0.059)	0.324 *** (0.082)
子女性别（女孩＝0）			0.002 (0.042)	－0.032 (0.061)	0.015 (0.047)
子女性别×子女兄弟姐妹数				0.040 (0.052)	
子女性别×子女户口					－0.067 (0.106)
子女年龄	0.027 (0.026)	0.024 (0.026)	0.024 (0.026)	0.024 (0.026)	0.024 (0.026)
地区（西部＝0）					
中部	0.062 (0.055)	0.060 (0.054)	0.060 (0.054)	0.062 (0.054)	0.061 (0.054)
东部	0.166 ** (0.052)	0.146 ** (0.052)	0.146 ** (0.052)	0.148 ** (0.052)	0.147 ** (0.052)
常数项	0.787 ** (0.255)	0.991 *** (0.257)	0.990 *** (0.258)	1.007 *** (0.259)	0.984 *** (0.258)
R^2	0.223	0.234	0.234	0.234	0.234

*** $p<0.001$，** $p<0.01$，* $p<0.05$。

注：非再抽样样本；括号内的数字为标准误。

表 7－7 显示了学龄儿童（6～15 岁）父母参与影响因素的 OLS 模型分析

结果。比较运行结果可以发现，父母受教育程度、家庭收入情况和子女兄弟姐妹数对学龄儿童父母参与水平的影响依然显著，家庭社会经济地位具有显著的正向作用，子女兄弟姐妹数依然显示出稳定的负向稀释作用。子女性别的影响依然不显著。子女户口的影响反倒变得不是非常显著（$p<0.1$）。考虑到父母参与变量是一个合成变量，这里进一步把每一类父母参与行为作为因变量进行分析，由于因变量是序次变量，因此采用序次 Logit 模型分析（见表7-8）。结果显示，在“和孩子讨论学校里的事情”、“要求孩子完成家庭作业”和“检查孩子的家庭作业”三个方面，城市户口家庭的父母行为的频率依然显著高于农村家庭的父母。但是在与看电视相关的三类行为，即“为不影响孩子学习放弃看电视”、“阻止孩子看电视”和“限制孩子所看电视节目的类型”上，城市家庭和农村家庭的差异不显著。对于这一结果可以从两个方面进行解释：首先，随着互联网的发展，电视可能不再是儿童重要的娱乐渠道，因此在甄别城乡父母参与程度的差异上的效度在降低；其次，农村家长在对子女看电视行为的监督上确实并不比城市家长差，但在父母参与的质量上，城市户籍家庭的父母对子女学习的关怀和监督行为仍然要显著好于农村户籍家庭的父母，比如在与孩子沟通交流以及学业督促上，城市家庭仍然具有较为明显的优势。总体上看，城市家庭的家长会更注重与孩子的沟通和互动，可以深度参与孩子的学业，农村家庭的家长表现出的更多是单向要求孩子，对孩子学业的参与深度也明显低于城市父母。

在交互作用的影响上，表7-7模型4和模型5两个交互项的回归系数在统计上均不显著，这表明在6~15岁学龄儿童的父母参与行为上，无论是少子女家庭还是多子女家庭，无论是城市家庭还是农村家庭，父母参与水平都不受子女性别的影响。

综合表7-7模型1到模型3的模型解释力分析结果，在经济理性、性别观念和制度分割等影响因素对父母参与所产生的作用中，家庭社会经济地位和子女数量代表的经济理性因素对父母参与的影响相对更大。表7-7模型3的 R^2 为0.074，模型1的 R^2 就达到了0.073，说明在本研究所考虑的影响因素中，家庭经济理性因素解释了父母参与的绝大部分变化。城乡户籍因素变量解释了微弱的父母参与变化，子女性别变量对模型解释力没有贡献。

在控制变量方面，变量的影响也有所变化，在此年龄阶段，随着年龄的增长，父母参与的水平在降低。地区影响也发生了改变，东部和中部地区家庭的父母在子女这一年龄段上的参与水平低于西部地区家庭。

表 7－7　学龄儿童（6～15 岁）父母参与影响因素的 OLS 模型（$N=1654$）

变量	模型 1	模型 2	模型 3	模型 4	模型 5
父母最高受教育程度（小学及以下＝0）					
初中	0.124*** (0.029)	0.123*** (0.029)	0.124*** (0.029)	0.124*** (0.029)	0.123*** (0.029)
高中及以上	0.198*** (0.033)	0.182*** (0.034)	0.183*** (0.034)	0.184*** (0.034)	0.183*** (0.034)
家庭人均年收入对数	0.037** (0.012)	0.033** (0.013)	0.033** (0.013)	0.033** (0.013)	0.033** (0.013)
子女兄弟姐妹数	－0.090*** (0.013)	－0.086*** (0.013)	－0.085*** (0.014)	－0.094*** (0.018)	－0.085*** (0.014)
子女户口（农村户口＝0）		0.057+ (0.033)	0.057+ (0.033)	0.057+ (0.033)	0.047 (0.045)
子女性别（女孩＝0）			0.015 (0.022)	－0.005 (0.034)	0.012 (0.024)
子女性别×子女兄弟姐妹数				0.020 (0.025)	
子女性别×子女户口					0.018 (0.058)
子女年龄	－0.049*** (0.004)	－0.050*** (0.004)	－0.050*** (0.004)	－0.050*** (0.004)	－0.050*** (0.004)
地区（西部＝0）					
中部	－0.149*** (0.028)	－0.148*** (0.028)	－0.148*** (0.028)	－0.148*** (0.028)	－0.148*** (0.028)
东部	－0.058* (0.027)	－0.061* (0.027)	－0.061* (0.027)	－0.061* (0.027)	－0.061* (0.027)
常数项	3.511*** (0.124)	3.546*** (0.126)	3.537*** (0.127)	3.549*** (0.127)	3.540*** (0.127)
R^2	0.073	0.074	0.074	0.074	0.074

*** $p<0.001$，** $p<0.01$，* $p<0.05$，+ $p<0.1$。

注：非再抽样样本；括号内的数字为标准误。

表 7－8　户籍差异对家庭教育父母参与行为影响的模型分析结果（序次 Logit 回归）

	户口（城市户口＝1）	其他变量	样本量
为不影响孩子学习放弃看电视	0.080（0.082）	已控制	4449
和孩子讨论学校里的事情	0.260***（0.079）	已控制	4886
要求孩子完成家庭作业	0.282***（0.086）	已控制	4646
检查孩子的家庭作业	0.277***（0.083）	已控制	4615
阻止孩子看电视	－0.042（0.081）	已控制	4731
限制孩子所看电视节目的类型	－0.067（0.080）	已控制	4705

*** $p<0.001$。

注：非再抽样样本；括号内的数字为标准误。

二　结构方程模型检验：父母参与的中介影响

上文分析了不同年龄阶段父母参与的特点及主要影响因素，本部分将利用结构方程模型，进一步检验并比较城乡家庭父母参与行为在家庭社会经济地位和子女教育结果之间所产生的中介影响的差异。本部分选择青少年教育期望作为对子女教育结果的反映，一方面是因为个体早期学业阶段的教育期望对其未来学业成绩和教育获得具有重要的影响作用，另一方面也可以弥补国内以往教育分层研究多关注学业成绩、升学情况等客观性教育结果而对主观性教育结果分析的不足。本章前文数据分析使用的是 CFPS 2018 年的数据，本部分使用的是 CFPS 2010 年的调查数据。

（一）描述性统计结果

表 7－9 描述了本部分研究所用的变量特征。

表 7－9　变量基本特征描述

变量/指标	总样本	城市	农村	显著度
青少年教育期望年限（年）	14.91（3.65）	16.40（3.19）	14.50（3.66）	$p<0.001$
父母最高受教育年限（年）	8.10（3.99）	11.46（3.37）	7.14（3.61）	$p<0.001$
家庭人均年收入（对数）	8.50（0.92）	8.95（0.89）	8.36（0.88）	$p<0.001$
学业期待（60～100 分）	90.60（9.29）	92.36（7.09）	90.09（9.77）	$p<0.001$
日常关怀				
家庭环境（1～5 分）	3.43（0.72）	3.71（0.68）	3.35（0.71）	$p<0.001$

续表

变量/指标	总样本	城市	农村	显著度
学习和生活关怀（1～5分）	3.19（0.80）	3.54（0.72）	3.09（0.79）	$p<0.001$
行踪关注（1～5分）	3.35（1.33）	3.83（1.22）	3.21（1.32）	$p<0.001$
年龄（10～15岁）	12.45（1.72）	12.37（1.76）	12.47（1.71）	
性别（男孩）（%）	50.40	48.65	50.90	
样本量	2006	446	1560	

注：性别变量为百分比，其他变量为均值；括号内为标准差。

表7－10呈现了所有分析变量之间的相关系数结果。父母受教育程度、家庭收入水平和青少年教育期望之间具有显著的正向关联。同时，父母受教育程度和收入水平与父母参与的四个观察变量之间、父母参与的四个观察变量和青少年教育期望年限之间同样具有非常显著的正向关系。通过户口和其他变量的相关系数可以看到，在家庭社会经济水平和父母参与程度上，城市家庭都显著高于农村家庭（$p<0.001$）。理论模型所关心的研究变量彼此之间都显著相关，因此是可以做中介效应分析的。

（二）结构方程分析

本研究首先考察了无变量残差相关的模型，此时，理论模型与观察数据的拟合度欠佳，因此，本研究又尝试进行了模型修饰（model modification），建立修正模型。本着有效降低模型卡方值、提高模型拟合度、避免过度修正、简化模型复杂度的统计目的，本研究兼顾变量残差相关合乎逻辑的理论意义（邱皓政、林碧芳，2009：142～143）。根据Amos软件修正指数（modification indices）的指示，理论模型的修正模型添加了以下四组观察变量的残差相关：父母受教育程度和家庭人均年收入；子女年龄和学习与生活关怀；子女年龄和行踪关注；性别和行踪关注。修饰后的修正模型拟合度良好 。

接下来，本研究对基础模型和中介模型分别进行了多群组分析（multiple-group analysis），以检验城乡两组样本在回归系数上的差异是否显著。经过适配度检验，本研究发现基线模型（不考虑结构路径系数的模型）和结构系数模型均与数据拟合情况较好（RMSEA均<0.05）。进一步通过χ^2检验可以发现，基础模型的结构系数$p=0.499>0.05$，表明基础模型中城乡两组样本在结构模型系数上无显著差异，说明在未考虑中介效应的前提下，

表 7－10　分析变量的相关系数矩阵

变量	1	2	3	4	5	6	7	8	9
结果变量									
1 青少年教育期望年限									
影响变量									
2 父母最高受教育程度	0.269***								
3 家庭人均年收入对数	0.206***	0.334***							
4 父母对子女的学业期待	0.201***	0.144***	0.049*						
5 家庭环境	0.167***	0.236***	0.194***	0.085***					
6 学习和生活关怀	0.201***	0.277***	0.157***	0.148***	0.255***				
7 行踪关注	0.184***	0.200***	0.151***	0.076***	0.152***	0.186***			
8 子女年龄	－0.116***	－0.062**	0.024	－0.087***	0.033	－0.119***	0.044*		
9 子女性别	－0.057*	－0.022	0.033	－0.050*	－0.023	－0.016	－0.154***	－0.023	
10 子女户口	0.217***	0.452***	0.264***	0.102****	0.206**	0.235***	0.194***	－0.024	－0.019

*** $p<0.001$，** $p<0.01$，* $p<0.05$。

城乡家庭社会经济地位对青少年教育期望年限有影响。

系数不存在显著差异。中介模型检验的结构系数 $p = 0.000 < 0.05$，表明两组样本的结构模型系数存在显著差异，说明家庭社会经济地位、父母参与对城市和农村两组青少年群体教育期望年限的影响路径具有明显的组间差异。因此，我们对城乡两组样本分别拟合我们的理论模型。

表 7－11 呈现了本研究所设计的分析模型结果。通过两个模型对比可以发现家庭社会经济地位和青少年教育期望年限之间的关系，以及父母参与的中介作用。表 7－11 中基础模型为仅考虑家庭社会经济地位和控制变量对青少年教育期望年限的影响，中介模型在基础模型的基础上加入了父母对子女的学业期待和日常关怀的影响。对比逐步回归的结果，在基础模型中，家庭社会经济地位显著影响着青少年教育期望年限，城市家庭父母的受教育程度的非标准化路径系数为 0.167（$p < 0.001$），即在控制其他变量的条件下，父母受教育程度每提高 6 年，城市青少年的自身教育期望年限随之提高 1 年，家庭收入对城市青少年教育期望年限的正向作用不显著，可能的原因是父母受教育程度部分解释掉了家庭收入的作用；农村家庭收入和父母受教育程度的非标准化系数分别为 0.552（$p < 0.001$）和 0.159（$p < 0.001$）。在加入父母参与影响的中介模型中，城市家庭父母受教育程度对青少年教育期望年限的影响的非标准化系数，由基础模型中的统计显著（$p < 0.001$）变为中介模型中的不显著，农村家庭父母受教育程度和收入的影响在中介模型中的统计显著性也有不同程度的降低，其系数值分别由 0.159 下降到 0.067 和由 0.552 下降为 0.339。

表 7－11　青少年教育期望的结构方程模型检验

	青少年教育期望年限	
	城市	农村
SES＋控制变量（基础模型）		
父母受教育程度的非标准化系数	0.167*** （0.049）	0.159*** （0.025）
家庭收入的非标准化系数	0.285（0.182）	0.552*** （0.104）
模型 R^2	0.078	0.065
RMSEA	0.046	0.034
SES＋父母参与＋控制变量（中介模型）		

续表

	青少年教育期望年限	
	城市	农村
父母受教育程度的非标准化系数	-0.044（0.092）	0.067*（0.030）
家庭收入的非标准化系数	0.126（0.247）	0.339**（0.113）
父母对子女的学业期待的非标准化系数	0.043（0.030）	0.042***（0.010）
日常关怀的非标准化系数	7.315*（2.993）	2.001***（0.456）
模型 R^2	0.319	0.127
RMSEA	0.046	0.022

*** $p<0.001$，** $p<0.01$，* $p<0.05$。

注：表中各变量的系数为非标准化系数，括号内为标准误，限于篇幅，控制变量的系数并未列出；在模型拟合度方面，各模型检验均适合，表中仅列出了 RMSEA 指数。

为了更好地展现本研究中中介变量的影响，以及这种影响过程的城乡差异，本研究用图 7-1 和图 7-2 分别呈现了中介模型城乡两组样本的路径模型。“□”内的变量代表观察变量，“⬭”内的变量代表潜变量，“e1”到“e8”代表误差变量。图 7-1、图 7-2 列出了显著的标准化路径系数，不显著的路径用虚线标示。同时，表 7-12 呈现了包括控制变量在内的所有影响变量对因变量标准化的直接效应、间接效应和总效应。从检验结果上看，城乡两个模型的多个检验指标值基本符合我们的标准，获得了可以接受的拟合度。城乡两组群体父母参与的观察变量与其潜变量父母参与之间的路径系数参数（因素负荷量）也均在 0.001 水平上统计显著。

首先看城市样本。城市家庭的父母受教育程度通过影响他们对子女的学业期待（标准化系数 $\beta=0.09$，$p<0.1$）和日常关怀（标准化系数 $\beta=0.37$，$p<0.001$）间接影响着青少年的教育期望（标准化系数 $\beta=0.56$，$p<0.1$）。家庭收入通过影响父母对子女的学业期待（标准化系数 $\beta=-0.15$，$p<0.01$）并进而影响日常关怀，最终间接影响青少年教育期望（标准化系数 $\beta=0.56$，$p<0.1$）。虽然家庭收入情况对父母对子女的学业期待表现出了负的效应，但其对青少年教育期望的总效应（0.07）仍为正向效应。在控制了家庭背景和父母对子女的学业期待影响的前提下，父母的日常关怀对青少年教育期望具有显著的直接效应（标准化系数 $\beta=0.56$，$p<0.1$）。

对于农村家庭来说，父母受教育程度同样显著影响他们对子女的学业期

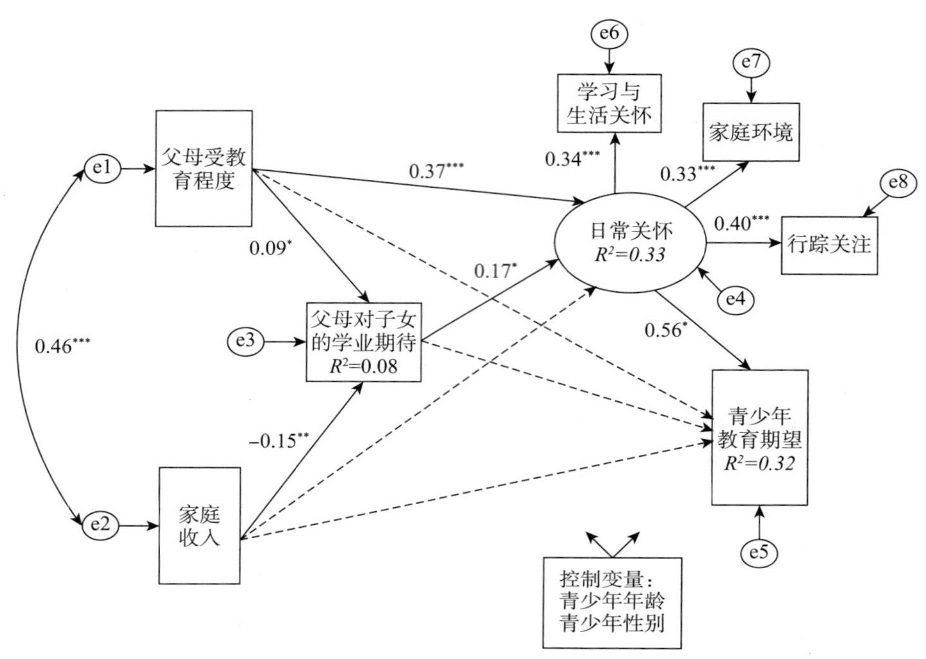

图 7－1　城市青少年教育期望的结构方程模型

说明：模型拟合度指标：χ^2 = 29.238，χ^2/df = 1.949，CFI = 0.952，IFI = 0.955，RMSEA = 0.046；图中的系数均为标准化系数；$^{*}p<0.1$，$^{**}p<0.01$，$^{***}p<0.001$。

待（标准化系数 $\beta=0.11$，$p<0.001$）和日常关怀（标准化系数 $\beta=0.32$，$p<0.001$），并通过父母对子女的学业期待（标准化系数 $\beta=0.11$，$p<0.001$）和日常关怀（标准化系数 $\beta=0.23$，$p<0.001$）间接影响青少年教育期望。家庭收入则通过日常关怀（标准化系数 $\beta=0.20$，$p<0.001$）间接影响青少年教育期望（标准化系数 $\beta=0.23$，$p<0.001$）。父母对子女的学业期待又影响着他们的日常关怀（标准化系数 $\beta=0.16$，$p<0.001$）。

因此，对于城乡两组样本来说，父母参与都是家庭社会经济地位和青少年教育期望之间重要的中介变量。社会经济地位越高的父母，越容易表现出更高的对子女的学业期待和较高质量的日常关怀行为，即更可能营造重视教育的家庭环境、给予子女更多学习和生活上的关怀以及更密切的关注，家庭里的青少年子女也越可能期望自己接受更高水平的教育。父母的日常关怀行为又受到他们教育观念的影响。如上文分析，在家庭社会经济条件对青少年教育期望的影响链条中，父母参与在城乡样本中均表现出重

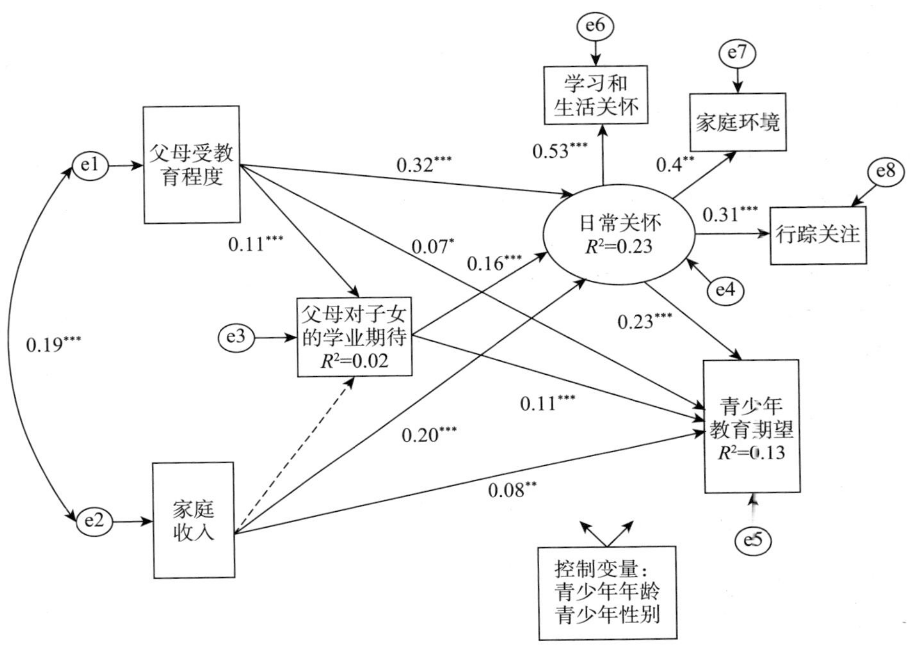

图 7－2　农村青少年教育期望的结构方程模型

说明：模型拟合度指标：χ^2 = 24.248；χ^2/df = 1.732；CFI = 0.983；IFI = 0.983；RMSEA = 0.022；图中的系数均为标准化系数；* $p<0.1$，** $p<0.01$，*** $p<0.001$。

要的中介作用，但是这种间接影响的过程在两组样本中存在差异。如表 7－12 所示，首先，城市家庭父母受教育程度对青少年教育期望的总效应远大于家庭收入的总效应（分别是 $\beta=0.18$ 和 $\beta=0.07$），农村家庭父母受教育程度和家庭收入对青少年教育期望的总效应则相差不多（分别是 0.16 和 0.13）。本研究对此提供的解释是，由于城市家庭的收入情况与父母受教育程度相关度较高，因此收入的影响部分被父母受教育程度解释了。而农村由于职业结构的原因，家庭收入和父母的受教育程度相关程度不高，造成父母受教育程度和家庭收入产生的影响相对独立。其次，在加入了父母参与的影响之后，农村家庭父母受教育程度和家庭收入对农村青少年教育期望仍具有显著的直接影响（标准化效应分别为 0.07，$p<0.1$ 和 0.08，$p<0.01$），这说明，本研究模型中父母对子女的学业期待和日常关怀两个层面的父母参与未能完全解释掉农村家庭社会经济地位对青少年教育期望的影响，还存在其他中介机制。最后，整体上看，模型对因变量方差的解释比例

差别较大，城市为31.9%，农村则只有12.7%。同时，在城乡两组样本中，基础模型对青少年教育期望年限的解释方差相差不多（7.8%和6.5%），但是在加入了父母参与变量的影响之后，城市青少年教育期望年限的ΔR^2（24.1%）却远大于农村青少年教育期望年限的ΔR^2（6.2%），这说明相较于农村家庭，城市家庭父母参与因素对青少年提升教育期望的贡献更大。

表7－12　各影响变量对因变量标准化的直接效应、间接效应和总效应

影响变量	因变量	城市			农村		
		总效应	直接效应	间接效应	总效应	直接效应	间接效应
年龄	父母对子女的学业期待	－0.24	－0.24***	—	－0.05	－0.05*	—
	日常关怀	－0.30	－0.26*	－0.04	0.15	0.16**	－0.01
	青少年教育期望	－0.16	0.03	－0.19	－0.10	－0.13***	0.03
性别	父母对子女的学业期待	－0.05	－0.05	—	－0.05	－0.05*	—
	日常关怀	0.13	0.13	－0.00	－0.07	－0.06	－0.01
	青少年教育期望	－0.03	－0.09	0.06	－0.07	－0.05*	－0.05
父母受教育程度	父母对子女的学业期待	0.09	0.09*	—	0.11	0.11***	—
	日常关怀	0.39	0.37***	0.02	0.34	0.32***	0.02
	青少年教育期望	0.18	－0.05	0.23	0.16	0.07*	0.09
家庭收入	父母对子女的学业期待	－0.15	－0.15**	—	0.03	0.03	—
	日常关怀	0.11	0.13	－0.02	0.21	0.20***	0.01
	青少年教育期望	0.07	0.03	0.04	0.13	0.08**	0.05
学业期待	日常关怀	0.18	0.18*	—	0.16	0.16***	—
	青少年教育期望	0.19	0.10	0.09	0.15	0.11***	0.04
养育行为	青少年教育期望	0.56	0.56*	—	0.24	0.23***	—

* $p<0.1$，** $p<0.01$，*** $p<0.001$。

注："—"表示没有在模型中检验此关系；仅报告了变量直接效应的显著度。

在控制变量方面，随着年龄的增长，青少年教育期望有降低的趋势，不过年龄负效应只是在农村才表现出统计上的显著性。性别方面，虽然目前有些基于成年人数据的分析发现男性教育获得的优势仍然存在（吴愈晓，2012），但是本研究中城乡两组家庭的男孩和女孩在自我教育期望上都没有表现出这种差异，女孩的自我教育期望甚至略高于男孩。这种表现既是当前中国教育获得的性别差异逐渐缩小的反映，也说明当前年轻人身上的传统性别角色观念已经逐渐发生改变，及女孩对接受高水平教育逐渐增长的渴望，反过来也会有利于促进教育获得的性别平等化趋势。

第四节　小结及讨论

本章对当前中国家庭的父母参与行为进行了描述，并对父母参与的经济理性、性别观念和制度差异等影响因素进行了解释，主要结论如下。

第一，经济理性的假设对父母参与的影响非常显著，这主要表现在父母受教育程度和家庭子女数的影响上，在儿童的各个年龄阶段，父母受教育程度越高，其在子女教育中的参与水平就越高。家庭收入对父母参与水平也具有显著的正向影响，但其效应不如父母受教育程度明显。子女兄弟姐妹数越多，该子女教育中的父母参与水平就会越低。家庭资源的稀释效应不仅表现在货币资源上，也表现在父母参与上。社会经济地位假设和资源稀释假设在父母参与上得到验证。

第二，性别观念对父母参与的影响不显著。前一章已经证实在货币资源投资上，当前中国家庭已经不存在重男轻女的倾向，同样，在父母参与的表现上，家庭针对男孩和女孩的表现也是无差异的。同时，农村家庭以及多子女家庭的父母参与都没有表现出男孩偏好。性别观念的假设在父母参与上没有得到验证。

第三，城乡家庭的父母参与水平差异比较显著。即使控制了本研究设定的其他所有自变量的影响，农村家庭在儿童各个年龄阶段的父母参与上，都表现出较城市家庭更低水平和质量的父母参与。

针对城乡家庭不同父母参与水平的表现，本章进一步以青少年教育期望为因变量，检验了城乡家庭不同父母参与行为对青少年教育期望的影响，以及父母参与行为在家庭社会经济地位和青少年教育期望之间的中介影响机制在城乡家庭中的不同表现。本部分的分析结果表明，父母的受教育程度和收入水平对青少年教育期望起到了积极的影响作用，这与国外相关研究结论相吻合。路径模型的结果证实了中介效应的存在，父母受教育程度和家庭收入通过父母对子女的学业期待和营造重视教育的家庭环境、学习和生活上的关怀、密切的行踪关注等一系列日常关怀行为间接影响青少年教育期望。家庭社会经济地位对父母参与子女教育具有正向效应，而有效的父母参与又对青少年教育期望具有积极的直接影响。也就是说，家庭社会经济情况越好，父母越能够有效参与青少年子女的教育实践，子女的教育期望就越容易得到提升。虽然父母参与的中介作用在城乡两个次级样本中均得到验证，但是两组样本的影响路径存在差异。相较于农村家庭，城市家庭父母参与因素对青少年提升自我教育期望的助力更大。同时，在控制了父母对子女的学业期待和日常关怀的中介影响后，农村家庭社会经济情况对青少年教育期望仍具有显著的直接效应，这说明农村家庭社会经济地位和青少年教育期望之间还存在其他重要的中介解释机制。

父母参与在代际资源传递与阶层再生产的过程中所扮演的重要“中介角色”，彰显了父母参与的力量。何瑞珠（1999）与吴重涵、张俊和王梅雾（2014）的研究都发现家长参与对儿童的自我观念、成长发展具有显著的促进作用，弱势家庭可以通过改善父母参与弥补家庭背景上的劣势对子女发展造成的消极影响。以往研究侧重于识别儿童和青少年发展的风险因素，家庭社会经济上的劣势会使青少年个体在成长过程中面临更多的发展风险，一定程度上忽略了如何为风险家庭里的子女提供获得成功的保护性措施（Furstenberg & Hughes，1995）。家庭社会经济背景提供了孩子成长的结构性环境，但是父辈的经济资本和人力资本优势需要借助积极的父母参与等形式的家庭社会资本，才能促进子代更好成长。以往教育改革主要关注制度化教育中的公正，作为学校教育系统有效支撑的父母参与往往被忽视。父母参与的重要作用为实践中降低风险因素、探寻提升子女学业成就的积极干预策略提供了启发。

第八章
“鸿沟”与“鄙视链”：中产与非中产家庭教育投入的比较

第一节　研究目标

2017 年 5 月 25 日，《凤凰周刊》刊登了一篇题为《中产教育鄙视链》的文章，引发了国人的热议。文章中提到，中产阶级的家庭“从孩子出生开始，家长们就精心挑选更好的房子、更好的玩具、更好的早教班、更好的服饰、甚至更好的动画片、更好的旅游地……早在学龄前，因为各种自愿或不自愿的攀比，中产阶级内部就已经形成了一条条育儿鄙视链”。“鄙视链”，这一略带戏谑的词，让我们看到了中产阶层家长对子女教育的格外重视以及竭尽所能的投入。我国历来具有重视子女教育的家庭传统，近年来随着人力资本投资重要性的提升以及教育市场化的趋势，家庭愈加重视并逐渐加大针对子女的教育投入。“鄙视”的心态使家庭教育投入似乎正成为一场没有终点的“赛跑”。透过“鄙视链”中的多重心态，我们可以看到不仅阶层之间可能存在“鸿沟”，阶层内部的分化也在加剧。

伴随着改革开放以来中国经济的持续稳定快速增长，以及城市化进程的加快，中产阶层（类似的称谓还有中产阶级、中间阶层、中等收入群体等）开始出现和壮大，成为中国社会阶层结构变迁的新趋势。尽管目前对于中产人群的界定、数量和构成以及是否形成了一个阶级或阶层等问题仍存有争论，但不论是政府工作人员、学者专家，还是普通的社会公众，对这一群体的关注都在不断增加（李春玲，2011）。“教育鄙视链”话题的出现，使中产家庭的子女教育投入问题凸显。

中国中产阶层作为一个日益受到关注的群体，他们的政治态度、消费模式等已经被越来越多的研究所涉及。但是针对中国中产阶层的家庭教育投入特征，目前国内文献分析尚不多见，研究得出的结论也莫衷一是。陈曙红（2008）基于2004年对南京中产阶层所做的调查发现，归于一种路径依赖的思维习惯，凭借教育流动获得社会地位的中产阶层在子女教育中更加注重教育传承意识、艺术素质的培养以及早期教育等。但是中产阶层家庭表现出来的教育投入倾向是否已经与非中产阶层构成了教育模式上的差异似乎尚不确定。洪岩璧和赵延东（2014）借助一项有关全国城市地区中小学生及家长的调查数据，运用布迪厄的资本和惯习概念，通过分析城市居民在子女教育上的资本投入和教养理念差异，探讨了不同阶层之间的教育模式差异。他们的研究发现，在子代教育方面，中产阶层父母在资本（包括子女文化活动参与、家庭藏书量和课外补习情况）投入上有显著优势，但在家庭教养态度惯习上和下层阶级父母无多大差别。田丰、静永超（2018）利用2010年“上海家庭调查”的数据分析发现，城市中产阶层倾向于协作型教养方式，工人阶层则倾向于自然成长型教养方式。

本章将对中产阶层与非中产阶层的家庭教育投入问题进行进一步的探讨。正如上文所说，家庭教育投入包含了很多内容，采用的划分标准不同，对家庭教育投入的界定也不尽相同。本章利用“特大城市居民生活状况调查”数据，从家庭文化环境、家庭教育支出、课外补习参与、志愿服务活动参与四个方面尝试分析中产阶层与非中产阶层在家庭教育投入上的异同，并分析两个阶层内部不同家庭之间在子女教育投入上的差异。

第二节　描述性统计结果

表8-1描述了本部分分析变量的分布情况，同时显示了本部分关注的家庭教育投入的四个维度在总样本、中产家庭和非中产家庭两个子样本中的分布情况。从结果可以看出，在家庭人均年教育支出方面，中产家庭人均年教育支出为6933.0元，非中产家庭为2114.2元，中产家庭约为非中产家庭的3.3倍，差距非常明显。在家庭藏书量上，所有家庭的藏书量平均约

为178本，其中，中产家庭平均约为212本，非中产家庭平均约为102本，中产家庭藏书量是非中产家庭的2倍多。在孩子是否参加过课外补习上，平均有超过六成（62.2%）的中产家庭子女曾经参加过课外补习，非中产家庭的子女曾经参加过课外补习的仅有四成多（43.1%），二者相差接近20个百分点。在孩子曾参加过志愿服务活动的比例上，中产家庭的孩子同样高于非中产家庭的孩子，不过二者的差距并不太大，中产家庭平均为33.1%，非中产家庭平均为25.7%，二者仅相差7.4个百分点。

对上述两类家庭在教育投入方面的差异，本研究还初步进行了双变量的差异性检验，检验结果分别为：家庭人均年教育支出 t 检验结果为 $t = -7.791$，$p < 0.001$；家庭藏书量 t 检验结果为 $t = -4.071$，$p < 0.001$；参加课外补习的卡方检验结果为 $Pearson\ \chi^2 = 34.7019$，$p < 0.001$；参加志愿服务活动的卡方检验结果为 $Pearson\ \chi^2 = 6.024$，$p < 0.05$。通过上面描述性的对比可以发现，中产家庭在家庭教育投入水平上总体上要明显高于非中产家庭。

表8-1　变量及样本描述

变量名称	类别/指标	总体	中产	非中产
家庭人均年教育支出（元）	均值	5441.1	6933.0	2114.2
	标准差	9717.4	11283.8	2268.7
家庭藏书量（连续）（本）	均值	177.7	211.6	102.2
	标准差	414.1	477.7	192.1
孩子是否参加过课外补习（%）	是	56.3	62.2	43.1
	否	43.7	37.8	56.9
孩子是否参加过志愿服务活动（%）	是	30.8	33.1	25.7
	否	69.2	66.9	74.3
孩子学业成绩	均值	3.7	3.8	3.6
	标准差	0.7	0.7	0.7
孩子性别（%）	男孩	54.7	54.6	54.9
	女孩	45.3	45.4	45.1
家庭就读中小学的孩子数（%）	1个	83.7	82.4	86.7
	2个及以上	16.3	17.6	13.3

续表

变量名称	类别/指标	总体	中产	非中产
孩子目前上学阶段（%）	小学	52.8	53.2	51.9
	初中	25.1	23.9	27.7
	高中	22.1	22.9	20.4
父母较高受教育年限（年）	均值	13.7	14.5	11.9
	标准差	3.2	2.9	3.0
家庭年收入（取对数）	均值	12.0	12.4	11.1
	标准差	1.3	1.3	0.6
样本量		1095	756	339

第三节　多元回归分析结果

表 8－2 显示了家庭教育投入影响因素的回归分析结果，模型 1 至模型 4 对应的因变量分别为家庭人均年教育支出、家庭藏书量、是否参加过补习、是否参加过志愿服务活动。结果显示，控制了其他因素后，在家庭教育支出、家庭藏书量、是否参加过补习三个方面，中产家庭与非中产家庭的教育投入存在显著差异。相比于非中产家庭，中产家庭的教育支出更多，家庭藏书量更多，子女参加课外补习的可能性更大，这一结论与前文描述性检验的结果一致。这说明中产家庭在教育上的经济投入更多，具备更好的家庭文化环境，也更加注重孩子的课外补习。在本研究选取的家庭教育投入的四个指标上，唯一例外的是在是否参加过志愿服务活动上，虽然中产家庭的子女参加志愿服务活动的可能性大于非中产家庭子女，但是这种差异并未构成统计意义上的显著性。前文的描述性统计分析已经表明，分别仅约有 1/3 的中产家庭子女和约有 1/4 的非中产家庭子女曾经参加过志愿服务活动，这一比例远低于参加课外补习的比例，这说明在教育观念和教育方式的培养上，我国的家长仍旧更加看重学业教育投入，在社会性教育方面的重视程度不够。

在控制变量的影响方面，家庭社会经济地位对各项子女教育投入情况的影响作用非常显著，总体来说，父母的受教育背景和经济情况均起到了积极的促进作用。比较来看，家庭经济收入对教育支出的正向影响作用更明显，父母受教育程度与子女是否参加过志愿服务活动联系密切，父母受教育程度越高，其子女越有可能参加志愿服务活动。子女性别差异不会影响到家庭教育投入的差异。孩子就读的学习阶段越高，教育支出越多，家庭藏书量会逐渐增加，子女参加课外补习的可能性增加，参加志愿服务活动的可能性也会增加。

表 8－2 家庭教育投入影响因素的回归分析（全部家庭子女样本）（$N=756$）

变量	模型 1 教育支出对数	模型 2 家庭藏书量	模型 3 参加过补习	模型 4 参加过志愿服务活动
中产家庭[a]	1.274 *** (0.156)	0.431 *** (0.117)	0.531 *** (0.160)	0.190 (0.179)
父母较高受教育年限	0.013 (0.022)	0.197 *** (0.016)	0.053 * (0.022)	0.056 * (0.025)
家庭年收入对数	0.337 *** (0.055)	0.139 ** (0.041)	0.139 * (0.060)	0.051 (0.063)
男孩[b]	－0.010 (0.124)	0.036 (0.093)	－0.100 (0.128)	－0.215 (0.138)
2 个及以上孩子读中小学[c]	－0.075 (0.170)	－0.048 * (0.127)	－0.405 * (0.174)	－0.191 (0.197)
孩子目前上学阶段[d]				
初中	0.280 + (0.150)	0.018 (0.112)	0.797 *** (0.157)	1.027 *** (0.165)
高中	0.746 *** (0.157)	0.382 *** (0.118)	0.745 *** (0.164)	1.475 *** (0.169)
常数项	2.222 *** (0.631)	－0.869 *** (0.473)	－2.739 *** (0.684)	－2.856 *** (0.731)
R^2	0.178	0.228		
log likelihood			－704.269	－623.435
自由度	7	7	7	7
P	0.000	0.000	0.000	0.000

*** $p<0.001$，** $p<0.01$，* $p<0.05$，+ $p<0.1$。

注：括号内的数字为标准误；各变量的参照组如下：a. 非中产家庭，b. 女孩，c. 家庭有 1 个孩子在读中小学，d. 孩子目前上学阶段为小学。

表 8－2 的分析结果表明，家庭社会经济地位对各项子女教育投入均表

现出了较为稳定的影响效果，为了进一步检验阶层内部家庭社会经济地位的影响，以考察阶层内家庭教育投入上的差异性，表 8－3 和表 8－4 分别呈现了分析样本中中产家庭和非中产家庭子女教育投入影响因素的回归分析结果。模型 5 至模型 8、模型 9 至模型 12 与表 8－2 中的模型 1 至模型 4 的设置保持一致。表 8－3 显示，总体上看，家庭社会经济地位对子女教育投入同样表现出了较为稳定的正向影响作用。父母受教育程度越高，家庭年收入越多，家庭教育支出越多，家庭藏书越丰富，进行家庭课外补习的可能性就越大。表 8－4 中关于非中产家庭子女的分析呈现与表 8－3 大致相同的结果。这从另外一个方面也说明中产阶层内部和非中产阶层内部的子女教育投入由于受到家庭社会经济地位的影响而表现出差异性。

表 8－3　家庭教育投入影响因素的回归分析（中产家庭子女样本）（$N=756$）

变量	模型 5 教育支出对数	模型 6 藏书量	模型 7 参加过补习	模型 8 参加过志愿活动
父母较高受教育年限	0.058 ** (0.028)	0.200 *** (0.019)	0.028 (0.028)	0.030 (0.030)
家庭年收入对数	0.256 *** (0.048)	0.143 ** (0.042)	0.145 * (0.063)	0.132 + (0.074)
其他变量	已控制	已控制	已控制	已控制
R^2	0.070	0.165		
log likelihood			−484.497	−442.380
自由度	6	6	6	6
P	0.000	0.000	0.000	0.000

*** $p<0.001$，** $p<0.01$，* $p<0.05$，+ $p<0.1$。

注：括号内的数字为标准误；各变量的参照组如下：a. 非中产家庭，b. 女孩，c. 家庭有 1 个孩子在读中小学，d. 孩子目前上学阶段为小学。

表 8－4　家庭教育投入影响因素的回归分析（非中产家庭子女样本）（$N=339$）

变量	模型 9 教育支出对数	模型 10 藏书量	模型 11 参加过补习	模型 12 参加过志愿活动
父母较高受教育年限	−0.097 * (0.047)	0.196 *** (0.030)	0.100 * (0.039)	0.130 ** (0.048)
家庭年收入对数	1.356 *** (0.260)	−0.059 (0.167)	0.178 (0.226)	−0.547 (0.238)

续表

变量	模型 9 教育支出对数	模型 10 藏书量	模型 11 参加过补习	模型 12 参加过志愿活动
其他变量	已控制	已控制	已控制	已控制
R^2	0.111	0.144		
log likelihood			-216.450	-169.187
自由度	6	6	6	6
P	0.000	0.000	0.000	0.000

*** $p<0.001$，** $p<0.01$，* $p<0.05$。

注：括号内的数字为标准误；各变量的参照组如下：a. 非中产家庭，b. 女孩，c. 家庭有 1 个孩子在读中小学，d. 孩子目前上学阶段为小学。

第四节 小结及讨论

随着中产阶层的出现和壮大，这一群体的子女教育问题也得到越来越多的社会关注。本章使用“特大城市居民生活状况调查”数据，从家庭教育支出、家庭文化环境、课外补习参与、志愿服务活动参与四个方面对中产阶层与非中产阶层家庭的教育投入状况进行了比较，并分析了两个阶层内部不同家庭之间在子女教育投入上的差异。主要得出以下研究结论。

第一，与非中产家庭相比，中产家庭的教育投入优势非常明显。具体说来，中产家庭的教育支出水平更高，家庭藏书更为丰富，子女参加课外补习的可能性更大。这一结论说明家庭教育投入在两个不同的阶层之间存在明显差距。教育作为社会下层向上流动的动力来源，在缓解或者改变由于出身导致的不平等的同时，又在塑造着不平等。中产阶层家庭会利用各种资源优势，进行更多的教育投入，确保子女获得较多的教育机会，这又会进一步拉大中产阶层与较低阶层的教育差距。

第二，在中产阶层和非中产阶层内部，不同家庭之间在子女教育投入上都同样存在着差异与分化，无论“鄙视”背后的心态如何，“鄙视链”描述的客观事实的确存在，家庭社会经济地位的差异，导致不同家庭在教育投入上也存在差别。具有更高收入水平和更好教育背景的家庭，对子女的教育投入总体上表现出更高的水平。

第三，在本研究考察的家庭教育投入的第四个维度，即志愿服务活动参与上，两类家庭并没有表现出显著的差异性，但是通过对两类家庭子女子样本的检验可以发现，家庭社会经济地位对该变量也具有正向影响。这一方面说明，相比于学业教育，中国家长对子女的社会性教育意识普遍还不够强，另一方面说明具有良好受教育背景的父母相对做得更好。

通过阶层间和阶层内的比较可以发现，家庭教育投入的差异不仅存在于中产与非中产之间，也同样存在于阶层内部的不同家庭之间。每个家庭的教育投入实际上构成了一个“渐变的等级分化序列”，其在序列中的位置主要由父母的社会经济地位决定，因为社会经济地位决定了家庭教育投入的意愿、能力、程度和水平。

囿于数据的限制，本部分研究并未给予中产家庭教育投入面貌一个更为全面的呈现，比如并未纳入关于父母参与、家庭教养方式的分析。不过依据本章的研究结论，我们至少可以发现，相比于较低社会阶层，中产阶层具有更为重视教育投入的倾向和行为，这与中产阶层的构成多为高学历人群有关系，他们更加看重教育回报，与这些家庭具备较强的教育投入能力有关。但是，这种对待教育的共享态度和行为是否已经构成了一种稳定的中产阶层的集体意识或者阶层性情？国外很多研究曾对中产阶层和其他阶层在教养模式上的差异进行过概括比较，对于这些结论的适用性在中国仍旧存在争议，比如在父母教养方式问题上，基于本土样本的分析曾证实过不同阶层教养模式的差异，但是也有研究指出中国城市居民并没有呈现像西方那样的中产阶层以权威型教养为主、下层以专制型或放任型教养为主的分化模式（洪岩璧、赵延东，2014）。这些矛盾性的结论一方面是由于中产阶层自身的复杂性、阶层边界还较为模糊，因此阶层认同和内群意识尚不成型，另一方面也与不同研究选取的测量指标有关，如家庭教养方式含义非常丰富，不同研究仍有可能只是测量到了家庭教养概念的部分内容，这些都有待未来进一步更加全面的探讨。

第九章
结　论

第一节　主要结论

美国社会学家罗伯特·帕特南（2017）在《我们的孩子：美国梦的危机》（*Our Kids*：*The American Dream in Crisis*）一书中通过展示穷孩子和富家子在成长过程中所经历的全方位差距，向我们展示了一幅不同阶层间家庭教育壁垒分明的图景：相比于寒门家庭的恶劣条件，中上阶层的父母不仅享有经济上的教育优势，而且拥有更多的时间陪伴孩子、对孩子进行精心辅导、为孩子提供资源，家庭结构、教养方式、学校教育、社区环境的巨大差距已经成为横亘在不同阶层之间难以逾越的“社会鸿沟”！

不同阶层的孩子很难平等地站在人生起跑线上，家庭教育投入的差距正在极大地影响下一代人的生活机遇。反观中国当下社会现实，密集育儿也在盛行，家庭教育投入的阶层差异已经成为一个日益紧迫的社会问题。金钱、时间和能力——家庭经济资本、文化资本和社会资本的多寡正在塑造全方位的育儿差距。

以往的教育分层研究多以结果为取向，聚焦于家庭背景、教育制度、地域的差异导致了怎样的教育成就（教育获得或者学业成绩）不平等，但从过程视角阐释尤其是量化分析教育成就形成机制的系统研究还非常少。在育儿竞争日益激烈的中国当下，家庭教育投入对争取更高社会地位的重要性达到前所未有的程度。在理论观照和现实回应的研究驱动下，本研究立足剖析当代中国家庭教育投入的基本目的，使用具有全国代表性的数据，力图揭示家庭教育投入的全貌和影响链条。

本研究从家庭教育期望、家庭教育投资和父母参与三个方面对当前中国家庭子女教育投入进行了现状描述，并区分出影响家庭教育投入的经济理性、性别观念和制度分割三大因素，在此基础上进一步提出了社会经济地位假设、资源稀释假设、性别观念假设和城乡户籍假设，并通过多元统计模型对这些假设进行了检验。本研究主要有以下发现。

第一，在针对家庭教育期望的分析中，本研究利用 CFPS 2018 年的数据，通过统计描述和回归分析的方法，研究发现当前中国的家长对子女的教育期望普遍较高，但是较高的教育期望在不同群体中存在差异：（1）家庭收入、父母受教育程度等家庭社会经济背景对家庭教育期望具有明显的正向影响；（2）在家庭资源既定的前提下，子女数增多带来的资源稀释效应对家庭教育期望产生了明显的负向影响；（3）性别文化观念假设在本部分研究中没有得到验证，家庭对儿子和女儿的教育期望并不存在显著差异，交互作用的检验也表明无论是在多子女家庭还是在农村家庭，对子女教育期望的性别歧视现象都没有出现；（4）无论是在子女受教育期望年限上，还是在是否期待子女获得大学学历以及研究生学历上，城市户籍家庭都显著优于农村户籍家庭。

第二，在针对家庭教育投资的分析中，本研究首先利用 CFPS 2014 年的数据对影响家庭教育总支出和“影子”教育支出的各主要因素进行了检验。研究发现，预算约束是影响家庭对子女教育投资的关键因素：（1）父母经济能力、受教育层次（代表家庭教育支付能力）对子女教育总支出和课外辅导支出具有显著的正向作用；（2）家庭子女数（代表家庭教育支付成本））对子女教育总支出和课外辅导支出具有显著的负向作用，在一定的经济条件约束下，家庭子女数越多，家庭分摊到每个子女身上的教育花费就会越少，家庭支付能力就越容易被稀释；（3）家庭教育投资并不存在性别观念上的差异，无论是独生子女家庭还是多子女家庭，无论是城市家庭还是农村家庭，父母在男孩身上和女孩身上的教育支出都没有表现出显著差异；（4）户籍对家庭教育投资的影响非常明显，城市户籍家庭教育支出水平显著高于农村户籍家庭，而且这种城乡差距在学龄前早期教育和“影子”教育支出中表现得更为明显；（5）通过进一步比较不同群体教育支出的收入弹性系数可以发现，随着家庭收入增加，中等以上收入家庭和城市家庭比中低收入家庭和农村家庭会把收入更多地用于教育投资。这种“增长的分化”进一步加剧了弱势群体家庭子女的教育累积劣势，使这些家庭在教育促进社会流动的竞赛中越来越“掉队”。

第三，在针对父母参与的分析中，本研究利用 CFPS 2018 年的数据，对不同年龄段儿童的父母参与行为进行了描述和分析。分析发现，相对于学龄儿童的教育参与，家庭在儿童学龄前的教育参与水平相对较低。在学龄阶段，父母更加重视对子女学业上的关心和监督，在这些日常关怀和监督活动中，父母一般都能够经常要求孩子按时完成家庭作业，但是对孩子作业的检查和辅导情况不佳。多元回归的检验结果有以下几点。(1) 父母参与行为不存在子女性别上的差异，但是明显受到子女数量的影响，这可由资源稀释理论来解释，在父母时间和精力有限的前提下，子女数越多，分配到每个子女身上照顾和养育的时间与精力就会越少。(2) 家庭社会经济地位仍然是影响父母参与行为的重要因素，尤其是父母受教育程度的相对影响更大。(3) 户籍因素是影响父母参与子女教育行为的重要因素，在儿童各个年龄阶段上，农村家庭都表现出较城市家庭更低水平和质量的父母参与。城市家庭的家长更会注重与孩子的沟通和互动，如跟孩子讨论学校的事情、检查孩子的作业；农村家庭的家长更容易做到单向要求孩子，如要求孩子完成作业、阻止孩子看电视。(4) 本部分通过结构方程模型检验了城乡家庭不同父母参与行为对青少年教育期望的影响，以及父母参与行为在家庭社会经济地位和青少年教育期望之间的中介影响机制在城乡家庭中的不同表现。家庭社会经济地位通过父母参与间接影响青少年教育期望的路径在城乡家庭存在差异。相较于农村家庭，城市家庭父母参与因素对青少年提升自我教育期望的帮助更大。

综合上述三个方面的研究可以发现：(1) 家庭社会经济背景和预算约束下资源合理化分配的经济理性影响，即社会经济地位假设、资源稀释假设在不同教育投入再生产机制中均得到验证；(2) 城乡户籍假设在不同教育投入再生产机制中也得到验证；(3) 传统性别观念的假设在不同教育投入再生产机制中均未得到验证，这说明中国传统父权制文化中对女子的性别角色期待已经发生了根本的变化，可以预见，未来男女两性在各层次教育获得上应会趋于平等。

第四，在针对中产阶层家庭教育投入的分析中，本研究利用“特大城市居民生活状况调查”数据，进行研究后发现：（1）与非中产家庭相比，中产家庭的教育投入优势非常明显；（2）家庭教育投入的差异不仅存在于中产与非中产家庭之间，也同样存在于阶层内部的不同家庭之间。每个家庭的教育投入实际上构成了一个“渐变的等级分化序列”，其在序列中的位置主要由父母的社会经济地位决定，社会经济地位决定了家庭教育投入的意愿、能力、程度和水平。

第二节 贡献与不足

一 主要贡献

在研究视角方面，本研究为教育分层研究提供了一种“过程性”的解释视角。家庭是教育分层发生的重要环节，教育不平等的研究关注家庭背景对子女教育结果的影响，这种关系的发生实际上都是通过家庭教育的再生产过程这一中间环节实现的。国内以往关于教育不平等的研究主要关注不同群体教育机会或者教育结果的不平等，例如子女上学机会、学业成绩和学历取得的差异，而对于这种结果形成的“过程”和“机制”关注不够。本研究在教育分层研究领域首次对家庭子女教育获得的形成机制——“家庭教育投入”进行了系统性的量化分析，这一研究有助于加强对教育不平等形成原因和机制的认识，有助于更加全面地了解中国教育不平等的状况。本研究在对家庭教育投入进行分析后认为，家庭通过家长的观念和行为，即教育期望、物质性的货币投资以及教养行为对子女教育施加影响，并最终影响他们的教育结果，这种过程性考察有助于完整地认识和了解教育不平等形成的原因和机制。同时，关于家庭教育期望、教育投资和父母参与的研究填补了目前国内关于这些领域的研究缺失或者不足，丰富了教育分层研究的维度和内容。

在教育不平等形成的解释上，本研究立足家庭层面，更加具体地考察了宏观社会因素的具体影响。以往的教育不平等研究仅是笼统地研究家庭社会经济地位、子女性别、子女数量及户籍等因素会造成教育机会获得上的差异，而本研究从家庭视角出发研究发现，家庭社会经济地位，子女性别、数量和户籍等这些背景性变量对于家庭教育再生产过程的影响效果是不同的，这进一步细化了不同背景性变量的影响作用。

在方法方面，本研究在描述分析的基础上，采用多种统计模型对研究假设进行了检验，例如根据家庭教育期望的多种特点采用了多元线性回归模型、二分 Logit 回归分析等不同方法进行分析；使用 Tobit 回归模型解决课外辅导支出的受限因变量问题；使用结构方程模型同时处理有多个因变量的情况，更好地展现了家庭教育的影响过程和形成机制。

在数据方面，本研究使用的 CFPS 数据长期关注少儿教育、成长与发展的情况，并针对少儿群体建立了专门的数据库，收集了少儿成长过程中各个方面的信息，同时，又有翔实的家庭背景信息可供综合分析。在儿童教育与成长、家庭背景、家庭与儿童互动等方面，无论是在样本代表性，还是在信息丰富翔实度上，CFPS 相较于国内其他具有全国代表性的数据具有明显的优越性。

在政策启示上，本研究提供了一种针对子女教育获得过程和机制进行改善的公平政策的制定思路。在以往教育公平政策中，促进家庭教育方案的改善并非政策主要内容。本研究把“家庭”环节作为公平政策的重要落脚点，引入家庭教育期望、教育投资和父母参与等“过程性”变量，提倡对这些教育过程变量施加有针对性的政策影响，这对帮助弱势家庭建立与完善家庭教育计划，促进这些家庭的子女教育发展具有重要指导意义。

二　主要不足

在家庭教育投入的影响因素方面。本研究主要从家庭层面研究子女教育获得的形成机制，并未把学校、社区等家庭外部因素纳入本研究。随着子女年龄的增长，学校的影响在子女教育成长过程中也会发挥越来越重要的作用。学校影响虽未直接对家庭教育再生产过程施加影响，但可以通过学校办学条件、教师水平、班级规模及学校氛围等因素影响学生学业成绩及心理状态，并进而可能影响到家庭对子女的教育期望、投资与参与。家庭所在的社区环境例如社区居民、社区硬件和社区氛围等因素，同样会对少儿教育成长产生影响，并有可能对家庭教育观念和行为产生作用。未来应进一步区分不同层面变量的影响，利用多层次模型进行探索分析。

在样本方面。受到数据的限制，本研究的样本限定于 16 岁以下的少儿群体，因此本研究的研究结论也仅适用于此年龄段群体。对于 16 岁及以上的家庭子女而言，他们仍在高中或者已经进入大学阶段，本研究未对这部分人群的家庭教育投入情况进行考察。

未来值得拓展的研究是对家庭教育投入对少儿发展的复杂影响的研究。虽然笼统来看，家庭教育投入已经成为教育再生产的重要中间传导机制，但是从少儿发展的多个维度如学业成绩、认知能力和问题行为等来讲，家庭教育投入的不同形式所产生的不同后果仍然需要细致的检验。比如：从投入形式上看，货币性的家庭教育投入（“出钱”）和非货币性的家庭教育期望及教养行为（“出力”）对子女多种发展后果的影响是有差异的；从投入结构看，货币性投入与非货币性投入的构成比例对子女发展的影响也是不同的；从投入程度看，不同形式的家庭教育投入和卷入度不同，效果也不同，究竟是“多多益善”（线性效应）还是“过犹不及”（非线性效应）？对这些问题的回答，有赖于使用更多年份的追踪数据探究因果关系，捕捉子女教育获得形成机制变化的特征及趋势，进行短期效应（short term effect）和长期效应（long term effect）的检验。例如，家庭对子女在一年级时的投入情况对子女在一年级、三年级和五年级甚至步入初中之后的影响可能是不同的。

第三节　如何改变弱势家庭孩子的命运

维护教育公平是国家针对弱势群体家庭提供教育支持的基本政策理念，但是在我国大多数教育公平政策中，“家庭”基本是缺位的。以往的教育改革主要关注制度化教育中的公正，例如城乡及地区教育资源配置的调整、针对欠发达地区优惠教育政策的制定等，作为学校教育系统有效支撑的家庭教育环节却一直被忽视。“家庭教育”在近两年逐渐被提升到国家战略的高度，国家有关部门连续出台了《关于加强家庭教育工作的指导意见》（2015年10月）、《关于指导推进家庭教育的五年规划（2016—2020年）》（2016年11月）、《全国家庭教育指导大纲（修订）》（2019年5月）等文件，其中均涉及对新时期我国家庭教育投入进行的引导和管理。为个体家庭进行科学合理的家庭教育投入提供了指导，尤其是针对贫困家庭、弱势家庭提出可行的教育投入方案，是促进弱势群体家庭子女教育发展的重要途径，这需要针对家庭教育期望、教育支出和父母参与等教育获得的中介机制变量施加政策影响。

首先，未来国家应进一步加大各级教育的公共投资力度，完善针对贫困生的补助政策。采取有效措施进一步减轻农村贫困家庭的教育负担，保障农村家庭的教育支出。自2006年起，国务院深化农村义务教育经费保障机制改革，对农村学生实行“两免一补”（免学杂费、免费提供教科书，对家庭经济困难寄宿生补助生活费），出台农村学校公用经费基准定额，建立健全农村学校校舍安全和维修改造长效机制，极大地促进了农村教育的发展和教育公平。此外，要通过完善国民收入分配机制缩小城乡居民收入差距，提高农村贫困家庭收入水平，保障其教育支出。

为了促进区域教育公平，国家已经出台了一系列的教育公平政策，在这些政策中存在亟待调整的重点。本研究发现，不同经济发展水平地区的家庭在教育投入上的差异主要体现在家庭教育投资上，进一步的分析发现，这主要是由不同地区间教育资源分配不均衡导致的。因此，国家应调整投资结构，把教育投资重点放在农村、边疆、少数民族等经济落后地区，增加这些地区的教育经费配置，改善这些地区的基础教育设施，增加这些地区的优质教育资源。

其次，提高贫困家庭、弱势家庭的父母参与水平，在家庭教育方案上提供指导。在父母参与方面，中国家庭的父母参与水平尤其是在早期教育上的父母参与水平相对较低，一方面，中国家庭虽然具有重视家庭教育的观念，但是缺乏系统的家庭教育的科学知识和教育方式，教育孩子同样需要具备知识、能力和技巧，政府需要侧重帮助低教育水平的父母提高教育参与的水平，改善子女教育的方式，建立“教育父母”计划，改善家长对子代教育的方法以及促进良性的代际沟通行为。另一方面，我国社区和学校等机构对家庭教育的支持明显不够。在美国和欧洲等地存在大量针对家庭和早期儿童进行各种辅导工作的公益机构、社区服务等，为家长提供孕前、孕后辅导，甚至出台严格的法律保证监护人具备抚养能力，因此，我们可以借鉴这些国家和地区好的经验，重视促进家庭与社区、学校、机构的合作，提升父母科学养育的能力。

一些国家提供了家庭教育支持的政策范例。例如美国从1965年起推行“开端计划”（head start program），这是以追求教育公平、改变人群代际恶性循环为目的的一个儿童项目。此计划包括为贫穷家庭提供物质性学习资源如玩具、书和杂志，提供高质量的全天免费的教育性电视节目等儿童教育与发展服务，此外，还包括家长参与儿童教育服务，有专门老师帮助改善亲子关系和提升养育质量。这启发我们，为帮助弱势家庭提升子女教育质量，政府和机构（学校）应帮助建立家庭支持子女教育的系统，例如家校合作计划、家访、父母信息提供、家长教育等，建立社区和学校的支持系统，改善父母教养和养育质量。

再次，尤其重视对儿童尤其是农村儿童、贫困儿童早期教育发展的帮扶。儿童早期教育的缺失和低质量会影响到儿童的未来。政府和社区应扩大儿童早期发展与教育服务，并尽快覆盖所有的学龄前儿童。这些早期发展与教育服务，包括宣传早期家庭教育的重要性，开展实际工作如创办家长学校、母亲学校，或举办各种学习班等，帮助家长掌握科学教育独生子女的基本知识、技能技巧，全面提高 0 ~ 6 岁儿童家长和看护人员的科学育儿能力，大大提升学龄前儿童家庭教育的实践水平，改进学龄前儿童家庭教育等。

最后，对“影子”教育进行适当管控，合理引导课外补习行为。课外补习阻碍了当前不同阶层家庭子女公平地获得教育资源，扩大了阶层教育差距，一些“补习班”“兴趣班”高昂的课外培训费用势必加重家庭的经济负担，这无疑进一步增加了本就面临经济困难的农村家庭子女的教育风险，对低收入家庭来说更是一种沉重的经济负担，也对教育公平提出了更多挑战。对待“影子”教育领域出现的新问题和新现象，需要从制度、管理、观念等多方面入手，依靠政府、学校、家长、社会等多方力量参与，共同施策。

第一，探索教育体制机制改革，通过多种途径推动优质基础教育资源分布更加均衡，从根源上治理“影子”教育问题。只有消除“唯分数”“唯升学”的顽瘴痼疾，才能从根上为学生减负。为此，要继续探索考试招生制度的改革，逐步改革中考和高考制度，推进招生录取标准的多元化，着眼于“人的全面发展”综合评价方式，创新试题内容形式。

在当前情况下，仍然要强化公办学校主导的基础教育办学格局，防止把公益性的基础教育完全交给市场。提高优质基础教育资源的普惠性，使更广大的学生享受到优质教育资源，一是在学校空间布局上合理调整，根据各地情况将优质高中招生名额按比例合理分配到区域内初中学校。二是在办学模式上总结经验，完善集团化办学、学区化办学模式。三是在教学形式上进行创新，如采用名师互联网教学等形式。

第二，对培训机构尽快实施全面规范化管理，净化行业市场环境。2018年国家陆续出台相关文件，规范教育培训机构已经被提上政府议事日程，未来的治理重心是建立教育培训规范发展的长效机制。首先要健全培训机构准入的审批制度，制定培训机构教师准入标准。其次要建立有效的监管机制，重点整顿治理没有资质办学、违规办学、超前教学、超纲教学等。最后要健全管理机制，改变“多头管理”的现状，建议由一个统一的部门管理，加强行业自律，推动校外培训机构的信息公开，让家长和学生更好地了解培训机构的真实情况。

第三，加大经费投入力度，推动公办学校为学生提供丰富多样的课后服务内容，保证课后服务的高质量和公益性。目前各地已有一些学校开展了课后服务，可以通过政府购买服务的方式进一步加强经费保障。为学生提供课后服务，可以提供弹性离校时间，解决家长不得不把孩子送托管班的“3点半难题”，但是在服务内容上要避免课后服务停留在简单的“看护”功能上，要精准对标学生和家长需求，学校的课外辅导做好了，家长对培训机构的需求自然就会降低。而且相对于校外快销性、商业化的培训机构，学校、班主任和任课教师更加了解学生的教育情况，更有优势开展有针对性的培训，可以避免家长到校外市场上盲目报班。

第四，促进家校合作，在家长和学校之间形成教育合力。完善家校合作的长效机制，通过开展教育父母计划，合理引导缓解家长教育焦虑情绪，帮助家长树立科学教育理念。家长要积极调整心态，正确对待补习行为，及时了解子女教育压力来源，避免盲目性投入和过度教育。

参考文献

安妮特·拉鲁，2010，《不平等的童年》，张旭译，北京：北京大学出版社。

边燕杰、李路路、李煜、郝大海，2006，《结构壁垒、体制转型与地位资源含量》，《中国社会科学》第5期。

布迪厄、华康德，1998，《实践与反思》，李猛、李康译，北京：中央编译出版社。

陈陈，2002，《家庭教养方式研究进程透视》，《南京师大学报》（社会科学版）第6期。

陈曙红，2008，《中产阶级教育传承中的文化再生产问题——以南京市为例》，《唯实》第8~9期。

陈卓，2010，《超社会资本、强社会资本与教育公平——从当今中国教育影响社会分层的视角》，《青年研究》第5期。

迟巍、钱晓烨、吴斌珍，2011，《家庭教育支出平等性的实证研究》，《教育与经济》第4期。

楚红丽，2008a，《义务教育阶段家庭教育支出的收入弹性与价格弹性分析》，《教育科学》第2期。

楚红丽，2008b，《义务教育阶段家庭教育支出分布的不均等水平》，《华中师范大学学报》（人文社会科学版）第2期。

戴耀华、关宏岩，2004，《儿童早期综合发展》，载《第七届全国（内地、港、澳）"儿童发育与行为科学"研讨会论文集》。

丁小浩、翁秋怡，2015，《权力资本与家庭的教育支出模式》，《北京大学教育评论》第3期。

董海军、风笑天，2003，《城乡家庭人力资本投资差异的原因辨析》，《岭南学刊》第5期。

樊纲、王小鲁、马光荣，2011，《中国市场化进程对经济增长的贡献》，《经济研究》第9期。

方长春、风笑天，2008，《家庭背景与学业成就——义务教育中的阶层差异研究》，《浙江社会科学》第8期。

费孝通，1985，《乡土中国》，北京：生活·读书·新知三联书店。

龚继红、钟涨宝，2005，《农村家庭收入对农村家庭教育投资行为的影响——基于湖北省随州市农村家庭的调查》，《统计与决策》第9期。

龚继红、钟涨宝，2006，《农村家庭子女数量对家庭教育投资行为影响的实证研究——基于湖北省随州市农村家庭的调查》，《经济师》第8期。

谷宏伟、杨秋平，2014，《收入和子女数量对城市家庭教育投资行为的影响——基于大连市的实证研究》，《宏观经济研究》第5期。

谷宏伟、杨秋平，2013，《收入、期望与教育支出对当前中国家庭教育投资行为的实证分析》，《宏观经济研究》第3期。

《光明日报》，《调查显示城市家庭子女教育费用占家庭总收入30%》，《光明日报》2012年3月15日。

郭志刚，1999，《社会统计学分析方法——SPSS软件应用》，北京：中国人民大学出版社。

何瑞珠，1999，《家长参与子女的教育：文化资本与社会资本的阐释》，《教育学报》第1期。

洪岩璧、赵延东，2014，《从资本到惯习：中国城市家庭教育模式的阶层分化》，《社会学研究》第4期。

洪岩璧，2010，《族群与教育不平等——我国西部少数民族教育获得的一项实证研究》，《社会》第2期。

侯利明，2020，《教育系统的分流模式与教育不平等——基于PISA 2015数据的国际比较》，《社会学研究》第6期。

黄超，2018，《家庭教养方式的阶层差异及其对子女非认知能力的影响》，《社会》第6期。

李春玲，2010，《高等教育扩张与教育机会不平等——高校扩招的平等化效应考查》，《社会学研究》第3期。

李春玲，2014，《教育不平等的年代变化趋势（1940—2010）——对城乡教育机会不平等的再考察》，《社会学研究》第 2 期。
李春玲，2003，《社会政治变迁与教育机会不平等》，《中国社会科学》第 3 期。
李春玲，2011，《中国中产阶级的发展状况》，《黑龙江社会科学》第 1 期。
李红伟，2000，《中国城镇居民家庭教育消费实证研究》，《中国统计》第 4 期。
李佳丽、赵楷、梁会青，2020，《养育差异还是养育陷阱？——家庭教养方式对学生发展的异质性影响研究》，《中国青年研究》第 9 期。
李建新、任强、吴琼、孔涛，2015，《中国民生发展报告 2015》，北京：北京大学出版社。
李建新，2009，《中国人口结构问题》，北京：社会科学文献出版社。
李静、崔春华、吴丹伟，2005，《城乡父母教养方式对青少年个性的影响》，《中华行为医学与脑科学杂志》第 7 期。
李丽菊、贾翌皎，2012，《城乡小学生父母教养方式比较》，《社会心理科学》第 12 期。
李实、罗楚亮，2007，《中国城乡居民收入差距的重新估计》，《北京大学学报》（哲学社会科学版）第 2 期。
李通屏，2002，《家庭人力资本投资的城乡差异分析》，《社会》第 7 期。
李燕芳、管益杰、楼春芳、周英、董奇，2005，《儿童发展中父母参与的研究综述》，《教育探索》第 5 期。
李颖晖、王奕轩，2019，《父母教育期望的户籍分层：农村父母的教育期望劣势及其影响因素分析》，《兰州学刊》第 10 期。
李煜，2006，《制度变迁与教育不平等的产生机制——中国城市子女的教育获得（1966—2003）》，《中国社会科学》第 4 期。
梁玉成、吴星韵，2016，《教育中的户籍隔离与教育期望——基于 CEPS 2014 数据的分析》，《社会发展研究》第 1 期。
梁玉成、张海东，2016，《北京、上海、广州社会中间阶层调查报告》，载《2016 年中国社会形势分析与预测》，北京：社会科学文献出版社。
林莞娟、秦雨，2010，《父母的男孩偏好程度对于儿童学习状况的影响及其作用渠道——基于甘肃农村基础教育调查的实证研究》，《经济科学》第 2 期。

刘保中，2020，《“扩大中的鸿沟”：中国家庭子女教育投资状况与群体差异比较》，《北京工业大学学报》（社会科学版）第2期。

刘保中，2017，《我国城乡家庭教育投入状况的比较研究》，《中国青年研究》第12期。

刘保中，2018，《我国基础教育生均教育经费的区域差异及变动趋势》，《教育探索》第5期。

刘保中、张月云、李建新，2015，《家庭社会经济地位与青少年教育期望：父母参与的中介作用》，《北京大学教育评论》第3期。

刘保中、张月云，李建新，2014，《社会经济地位、文化观念与家庭教育期望》，《青年研究》第6期。

刘精明，2006，《高等教育扩展与入学机会差异：1978～2003》，《社会》第3期。

刘精明，2008，《中国基础教育领域中的机会不平等及其变化》，《中国社会科学》第5期。

刘静，2010，《我国高校毕业生就业制度的变迁与完善》，《知识经济》第4期。

刘灵芝、王雅鹏，2006，《我国农村家庭教育支出的地区比较研究》，《商业时代》第1期。

陆学艺，2009，《破除城乡二元结构实现城乡经济社会一体化》，《社会科学研究》第4期。

吕国光、刘伟民、张燕，2011，《父辈社会分层对子代教育期望的影响研究——以藏族小学生及家长为例》，《宁波大学学报》（教育科学版）第5期。

罗伯特·帕特南，2017，《我们的孩子》，田雷、宋昕译，北京：中国政法大学出版社。

罗淳，1991，《贝克尔关于家庭对孩子需求的理论》，《人口学刊》第5期。

罗荣渠，1993，《新现代化论》，北京：北京大学出版社。

罗伟卿，2011，《财政分权对于我国公共教育供给数量与区域差异的影响》，博士学位论文，清华大学。

马多秀，2011，《心灵关怀：农村留守儿童德育的诉求》，《中国教育学刊》第1期。

马赛厄斯·德普克、法布里奇奥·齐利博蒂，2019，《爱、金钱和孩子：育儿经济学》，吴娴、鲁敏儿译，王永钦校，上海：格致出版社、上海人民出版社。

曼昆，2015，《经济学原理（微观经济学分册）》（第7版），梁小民、梁砾译，北京：北京大学出版社。

钱铭怡、肖广兰，1998，《青少年心理健康水平、自我效能、自尊与父母养育方式的相关研究》，《心理科学》第6期。

钱晓烨、迟巍、史瑶，2015，《义务教育阶段城镇家庭教育支出的构成及不平等：来自2007和2011的实证证据》，《教育与经济》第2期。

邱皓政、林碧芳，2009，《结构方程模型的原理与应用》，北京：中国轻工业出版社。

世界银行东亚及太平洋地区人类发展部、国家人口计生委培训交流中心，2011，《中国的儿童早期发展与教育：打破贫穷的代际传递与改善未来竞争力》，北京：中国人口出版社。

孙凤，2007，《主观幸福感的结构方程模型》，《统计研究》第2期。

孙立平，2008，《社会转型：发展社会学的新议题》，《开放时代》第1期。

孙立平，2004，《转型与断裂——改革以来中国社会结构的变迁》，北京：清华大学出版社。

孙远太，2010，《家庭背景、文化资本与教育获得——上海城镇居民调查》，《青年研究》第2期。

田丰、静永超，2018，《工之子恒为工？——中国城市社会流动与家庭教养方式的阶层分化》，《社会学研究》第6期。

涂瑞珍、林荣日，2009，《上海城乡居民家庭教育支出及教育负担状况的调查分析》，《教育发展研究》第1期。

托尔斯顿·胡森，1991，《社会背景与学业成就》，张人杰译，载《国外教育社会学基本文选》，昆明：云南教育出版社。

王甫勤、时怡雯，2014，《家庭背景、教育期望与大学教育获得》，《社会》第1期。

王丽、傅金芝，2005，《国内父母教养方式与儿童发展研究》，《心理科学进展》第3期。

王蓉，2018，《中国教育新业态发展报告（2017）》，北京：社会科学文献出版社。

王远伟，2009，《社会转型期个人家庭教育投入问题研究——基于中国城镇居民调查数据的实证分析》，博士学位论文，华中师范大学。

威廉·阿瑟·刘易斯，1989，《二元经济论》，施炜、谢兵、苏玉宏译，北京：北京经济学院出版社。

魏延志，2012，《转型期中国城市教育不平等与区域差异》，博士学位论文，上海大学。

温忠麟、侯杰泰、马什赫伯特，2004，《结构方程模型检验：拟合指数与卡方准则》，《心理学报》第2期。

吴明隆，2009，《结构方程模型：AMOS的操作与应用》，重庆：重庆大学出版社。

吴晓刚，2009，《1990—2000年中国的经济转型、学校扩招和教育不平等》，《社会》第5期。

吴晓刚、宋曦，2014，《劳动市场中的民族分层：对新疆维吾尔自治区的实证研究》，《开放时代》第4期。

吴晓刚，2007，《中国的户籍制度与代际职业流动》，《社会学研究》第6期。

吴愈晓，2013a，《教育分流体制与中国的教育分层（1978—2008）》，《社会学研究》第4期。

吴愈晓，2013b，《中国城乡居民的教育机会不平等及其演变（1978—2008）》，《中国社会科学》第3期。

吴愈晓、黄超，2016，《基础教育中的学校阶层分割与学生教育期望》，《中国社会科学》第4期。

吴愈晓，2012，《中国城乡居民教育获得的性别差异研究》，《社会》第4期。

吴忠观、刘家强，2003，《关于生育文化现代化的几点思考》，《人口研究》第5期。

吴重涵、张俊、王梅雾，2014，《家长参与的力量——家庭资本、家院校合作与儿童成长》，《教育学术月刊》第3期。

夏佑至，2014，《高考录取制度应尽快改革》，《新民周刊》6月12日。

谢维和、陈超，2006，《中国教育改革发展的政策走向分析——20世纪80

年代中期以来中国教育政策数量变化研究》，《清华大学教育研究》第3期。

谢维和，2006，《教育公平与教育差别——兼谈教育改革与发展的深层次矛盾》，《人民教育》第6期。

谢宇、胡婧炜、张春泥，2014，《中国家庭追踪调查：理念与实践》，《社会》第2期。

谢宇，2010，《回归分析》，北京：社会科学文献出版社。

谢宇、靳永爱，2014，《家庭财产》，载《中国民生发展报告2014》，北京：北京大学出版社。

谢宇、邱泽奇、吕萍，2012，《中国家庭追踪调查抽样设计》，http://www.isss.pku.edu.cn/cfps/wdzx/jzbg/index.htm。

解振明，1998，《人们为什么重男轻女?!——来自苏南皖北农村的报告》，《人口与经济》第4期。

薛海平，2015，《从学校教育到影子教育：教育竞争与社会再生产》，《北京大学教育评论》第3期。

杨春华，2006，《教育期望中的社会阶层差异：父母的社会地位和子女教育期望的关系》，《清华大学教育研究》第4期。

杨东平，2004，《辨“教育产业化”》，《教育发展研究》第12期。

杨东平，2006，《从权利平等到机会均等——新中国教育公平的轨迹》，《北京大学教育评论》第2期。

杨江华，2014，《我国高等教育入学机会的区域差异及其变迁》，《高等教育研究》第12期。

杨菊华，2012，《数据管理与模型分析：STATA软件应用》，北京：中国人民大学出版社。

杨可，2018，《母职的经纪人化——教育市场化背景下的母职变迁》，《妇女研究论丛》第2期。

杨威，2012，《流动儿童家庭教育期望的影响因素探析——基于北京市某区的问卷调查》，《西北人口》第2期。

杨文杰、范国睿，2019，《教育机会均等研究的问题、因素与方法：〈科尔曼报告〉以来相关研究的分析》，《教育学报》第2期。

叶华、吴晓刚，2011，《生育率下降与中国男女教育的平等化趋势》，《社会学研究》第5期。

余秀兰，2020，《父母社会背景、教育价值观及其教育期望》，《南京师大学报》（社会科学版）第4期。

袁连生，2003，《论教育的产品属性、学校的市场化运作及教育市场化》，《教育与经济》第1期。

袁振国，1996，《教育政策学》，南京：江苏教育出版社。

詹姆斯·斯科特，2001，《农民的道义经济学——东南亚的反叛与生存》，程立显等译，南京：译林出版社。

张健，2010，《中国区域经济发展差异及其形成原因分析》，《前沿》第15期。

张伟平，2005，《一项关于农民义务教育观的经验研究——以集安市台上镇东升村二组为个案》，硕士学位论文，东北师范大学。

张炜、时腾飞，2009，《我国区域教育经费支出公平性的实证研究——省际各级教育支出基尼系数的测算与比较：1996—2006年》，《中国高教研究》第7期。

张文新，1997，《城乡青少年父母教育方式的比较研究》，《心理发展与教育》第3期。

张月云、谢宇，2015，《低生育率背景下儿童的兄弟姐妹数、教育资源获得与学业成绩》，《人口研究》第4期。

赵文琛，2001，《论生育文化》，《人口研究》第6期。

赵延东、洪岩璧，2012，《社会资本与教育获得——网络资源与社会闭合的视角》，《社会学研究》第5期。

郑杭生，2009，《改革开放三十年：社会发展理论和社会转型理论》，《中国社会科学》第2期。

郑真真、吴要武，2005，《人口变动对教育发展的影响》，《北京大学教育评论》第2期。

中国教育与人力资源问题报告课题组，2003，《从人口大国迈向人力资源强国》，北京：高等教育出版社。

周皓，2013，《家庭社会经济地位、教育期望、亲子交流与儿童发展》，《青年研究》第3期。

周黎安，2007，《中国地方官员的晋升锦标赛模式研究》，《经济研究》第

7 期。

周裕钦、廖品兰，1997，《出身背景、教育程度及对子女教育期望之关联性研究》，《“国立”政治大学教育与心理研究》第 20 期。

朱晓文、韩红、成昱萱，2019，《青少年教育期望的阶层差异——基于家庭资本投入的微观机制研究》，《西安交通大学学报》（社会科学版）第 4 期。

邹小芃、杨莹、钱英，2007，《影响家庭教育投资收益的因素：来自中国的实证数据》，《统计科学与实践》第 6 期。

Alexander, K. L. & Cook, M. A. 1979. "The Motivational Relevance of Educational Plans: Questioning The Conventional Wisdom." *Social Psychology Quarterly* 42 (3).

Baron, R. M. & Kenny, D. A. 1986. "The Moderator-Mediator Variabledistinction in Social Psychological Research: Conceptual, Strategic, and Statistical Considerations." *Journal of Personality and Social Psychology* 51 (6).

Baumrind, D. 1971. "Current Patterns of Parental Authority." *Developmental Psychology* 4 (1).

Beattie, I. R. 2002. "Are All 'Adolescent Econometricians' Created Equal? Racial, Class, and Gender Differences in College Enrollment." *Sociology of Education* 75 (1).

Becker, G. S. 1962. "Investment in Human Capital: a Theoretical Analysis." *Journal of Political Economy* 70 (5).

Becker, G. S. & Lewis, H. G. 1973. "On the Interaction between the Quantity and Quality of Children." *Journal of Political Economy* 81 (2).

Behrman, J. R. & Knowles, J. C. 1999. "Household Income and Child Schooling in Vietnam." *World Bank Economic Review* 13 (2).

Benson, C. S. 1961. *The Economics of Public Education*. Boston: Houghton Mifflin.

Blake, J. 1981. "Family Size and the Quality of Children." *Demography* 18 (4).

Blau, P. & Duncan, O. 1967. *The American Occupational Structure*. New York: Basic Books.

Bloom, B. S. 1980. "The New Direction for Educational Research: Alterable Variables." *The Journal of Negro Education* 49 (3).

Bourdieu, P. & Passeron, J. C. 1990. *Reproduction in Education, Society and Culture* (*Vol.* 4). Newbury Park, CA: Sage.

Buchmann, C. & Hannum, E. 2003. "Education and stratification in Developing Countries: A Review of Theories and Research." *Annual Review of Sociology* 27 (1).

Byun, S. Y., Meece, J. L., Irvin, M. J. & Hutchins, B. C. 2012. "The Role of Social Capital in Educational Aspirations of Rural Youth." *Rural Sociology* 77 (3).

Campbell, R. T. 1983. "Status Attainment Research: End of the Beginning or Beginning of the End?" *Sociology of Education* 56 (1).

Carneiro, P. M. & Heckman, J. J. 2003. "Human capital Policy." *Social Science Electronic Publishing* 30 (2004).

Caughy, M. O., DiPietro, J. A. & Strobino, D. M. 1994. "Day-careparticipation as a Protective Factor in the Cognitive Development of Low-income Children." *Child Development* 65.

Cheung, H. Y. & Chan, A. W. H. 2008. "Relationships Amongst Cultural Dimensions, Educational Expenditure and Class Size of Different Nations." *International Journal of Educational Development* 28 (6).

Christenson, S. L., Rounds, T. & Gorney, D. 1992. "Family Factors and Student Achievement: An Avenue to Increase Students' Success." *School Psychology Quarterly* 7.

Coleman, J. S. 1988. "Social Capital in the Creation of Human Capital." *American Journal of Sociology* 94.

Coleman, J. S. 1968. "The Concept of Equality of Educational Opportunity." *Harvard Educational Review* 38 (1).

Conger, R. D. & Donnellan, M. B. 2007. "An Interactionist Perspective on the Socioeconomic Context of Human Development." *Annual Review of Psychology* 58.

Darling, N. & Steinberg, L. 1993. "Parenting Style as Context: An Integrative Model." *Psychological Bulletin* 113 (3).

Davis-Kean, P. E. 2005. "The Influence of Parent Education and Family Income on Child Achievement: the Indirect Role of Parental Expectations and the Home Environment." *Journal of family psychology* 19 (2).

DeGarmo, D. S., Forgatch, M. S. & Martinez, C. R. 1999. "Parenting of Divorced Mothers as a Link Between Social Status and Boys' Academicoutcomes: Unpacking the Effects Of Socioeconomic Status." *Child Development* 70 (5).

Downey, D. B. 2001. "Number of Siblings and Intellectual Development: the Resource Dilution Explanation." *American Psychologist* 56 (6 -7).

Duncan, G. & Brooks-Gunn, J. (eds.) . 1997. *Consequences of Growing Up Poor.* New York: Russell Sage Foundation.

Duncan, O. D. & Featherman, D. L. 1972. "Psychological and Cultural Factors in the Process of Occupational Achievement." *Social Science Research* 1 (2).

Eccles, J. S. & Harold, R. D. 1993. "Parent-school Involvement during the Early Adolescent Years." *Teachers College Record* 94 (3).

Epstein, J. L. 1991. "Effects on Student Achievement of Teachers' Practices of Parent Involvement." *Advances in Reading/Language Research: Literacy Through Family, Community, and School Interaction.* Greebwich, CT: JAI Press, Vol. 5, pp. 261 -276.

Evans, M. D. R, Kelley, J., Sikora J., & Treiman, D. J. 2010. "Family Scholarly Culture and Educational Success: Books and Schooling in 27 Nations." *Research in Social Stratification & Mobility* 28 (2).

Fan, X. & Chen, M. 2001. "Parental Involvement and Students' Academic Achievement A Meta-analysis." *Educational Psychology Review* 13 (1).

Featherman, D. L. & Hauser, R. M. 1978. *Opportunity and Change.* Academic Press.

Fordham, S. & Ogbu, J. U. 1986. "Black Students' School Success: Coping With the Burden of 'Acting White'. *The Urban Review* 18 (3).

Furstenberg, E. F. J. & Hughes, M. E. 1995. "Social Capitaland Successful Development among At-risk Youth." *Journalof Marriage and the Family* 57.

Garg, R., Kauppi, C., Lewko, J. & Urajnik, D. 2002. "A Structural Model of Educational Aspirations." *Journal of Career Development* 29 (2).

Gasser, C. E., Larson, L. M. & Borgen, F. H. 2004. "Contributions of Personality and Interests to Explaining the Educational Aspirations of College Students." *Journal of Career Assessment* 12 (4).

Goyette, K. & Xie, Y. 1999. "Educational Expectations of Asian American Youths: Determinants and Ethnic Differences." *Sociology of Education* 72 (1).

Gregg, P. & Washbrook, E. 2009. *The Socioeconomic Gradient in Child Outcomes: The Role of Attitudes, Behaviours and Beliefs: The Primary School Years.* Joseph Rowntree Foundation.

Grossman, J. A., Kuhn-McKearin, M., & Strein, W. 2011. "Parental Expectations and Academic Achievement: Mediators and School Effects. Presentation (Poster Session) at the Annual Convention of the American Psychological Association." *Washington, DC*, August 4.

Gutman, L. M. & Akerman, R. 2008a. *Aspirations and Attainment: A Review for the Social Exclusion Taskforce. Centre for Research on the Wider Benefits of Learning.* Institute of Education, University of London.

Gutman, L. M. & Akerman, R. 2008b. *Determinants of Aspirations* (*Vol.* 27). Centre for Research on the Wider Benefits of Learning, Institute of Education, University of London.

Haller, A. O. & Woelfel, J. 1972. "Significant Others and Their Expectations: Concepts and Instruments to Measure Interpersonal Influence on Status Aspirations." *Rural Sociology* 37 (4), N/A.

Hango, D. 2007. "Parental Investment in Childhood and Educational Qualifications: Can Greater Parental Involvement Mediate the Effects of Socioeconomic Disadvantage?" *Social Science Research* 36 (4).

Hannum, E. 2002. "Educational Stratification by Ethnicity in China: Enrollment and Attainment in the Early Reform Years." *Demography* 39 (1).

Hannum, E. 2005. "Market Transition, Educational Disparities, and Family Strategies in Rural China: New Evidence on Gender Stratification and Development." *Demography* 42 (2).

Hannum, E. & Wang, M. 2006. "Geography and Educational Inequality in China." *China Economic Review* 17 (3).

Hashimoto, K. & Heath, J. A. 1995. "Income Elasticities of Educational Expenditure by Income Class: the Case of Japanese Households." *Economics of Education Review* 14 (1).

Hauser, R. M., Tsai, S. L. & Sewell, W. H. 1983. "A Model of Stratification with Response Error in Social and Psychological Variables." *Sociology of Education* 56 (1).

Haveman, R. H. & Wolfe, B. L. 1984. "Schooling and Economic Well-Being: The Role of Nonmarket Effects." *Journal of human Resources* 19 (3).

Haveman, R. & Wolfe, B. 1995. "The Determinants of Children's Attainments: A Review of Methods and Findings." *Journal of Economic Literature* 33 (4).

Heckman, J. J., Moon, S. H., Pinto, R., Savelyev, P. A. & Yavitz, A. 2010. "The Rate of Return to the Highscope Perry Preschool Program." *Journal of Public Economics* 94 (1 - 2).

Hofstede, G. & Hofstede, G. J. 2005. *Cultures and Organizations: Software of the Mind. Third Millennium Edition.* New York: McGraw-Hill.

Hornby G. & Lafaele R. 2011. "Barriers to Parental Involvement in Education: An Explanatory Model." *Educational Review* 63 (1).

Kao, G. & Tienda, M. 1998. "Educational Aspirations of Minority Youth." *American Journal of Education* 106 (3).

Kim, Y., Sherraden, M. & Clancy, M. 2013. "Do Mothers' Educational Expectations Differ by Race and Ethnicity, or Socioeconomic Status?" *Economics of Education Review* 33.

Knight, J. & Shi, L. 1996. "Educational Attainment and the Rural - Urban Divide in China." *Oxford Bulletin of Economics and Statistics* 58 (1).

Lareau, A. 1987. "Social Class Differences in Family-school Relationships: The Importance of Cultural Capital." *Sociology of Education* 60.

Lee, J. 2004. "Sibling Size and Investment in Children's Education: An Asian Instrument." *Social Science Electronic Publishing* 21 (4).

Lee, K. S. 2010. "Parental Educational Investments and Aspirations in Japan." *Journal of Family Issues* 31 (12).

Lewis, O. 1966. "The Culture of Poverty." *Scientific American* 215 (1).

Li, D. & Tsang, M. C. 2003. "Household Decisions and Gender Inequality in Education in Rural China." *China: An International Journal* 1 (2).

Li, H. & Zhou, L. A. 2005. "Political Turnover and Economic Performance: the Incentive Role of Personnel Control in China." *Journal of Public Economics* 89 (9 - 10).

Li, J. & Lavely, W. 2003. "Villages Context, Women's Status, and Son Preference among Rural Chinese Women." *Rural Sociology*, 68 (1).

Liu, A. & Xie, Y. 2015. "Influences of Monetary and Non-Monetary Family Resources on Children's Development in Verbal Ability in China." *Research in Social Stratification & Mobility* 40.

Lucas, S. R. 2001. "Effectively Maintained Inequality: Education Transitions, Track Mobility, and Social Background Effects." *American Journal of Sociology* 106 (6).

Marjoribanks, K. 2005. "Family Background, Adolescents' Educational Aspirations, and Australian Young Adults' Educational Attainment." *International Education Journal* 6 (1).

Marjoribanks, K. & Mboya, M. 2001. "Family Capital, Goal Orientations and South African Adolescents' Self-Concept: A Moderation-Mediation Model." *Educational Psychology* 21 (3).

McNeal, J. & Jr. Ralph B. 1999. "Parental Involvement as Social Capital: Differential Effectiveness on Science Achievement, Truancy, and Dropping Out." *Social Forces* 78 (1).

Muller, C. 1998. "Gender Differences in Parental Involvement and Adolescents' Mathematics Achievement." *Sociology of Education* 71 (4).

Nee, V. 1989. "A Theory of Market Transition: from Redistribution to Markets in State Socialism." *American Sociological Review* 54 (5).

Ogbu, J. U. 1991. "Minority Coping Responses and School Experience." *The Journal of Psychohistory* 18 (4).

Oketch, M., Mutisya, M. & Sagwe, J. 2012. "Parental Aspirations for Their Children's Educational Attainment and the Realisation of Universal Primary Education (UPE) in Kenya: Evidence from Slum and Non-Slum

Residences." *International Journal of Educational Development* 32 (6).

Park, H., Byun, S. & Kim, K. 2011. "Parental Involvement and Students' Cognitive Outcomes in Korea." *Sociology of Education* 84.

Psacharopoulos, G. 1994. "Returns to Investment in Education: A Global Update." *World Development* 22.

Qian, X. & Smyth, R. 2011. "Educational Expenditure in Urban China: Income Effects, Family Characteristics andthe Demand for Domestic and Overseas Education." *Applied Economics* 43 (24).

Raftery, A. E. & Hout, M. 1993. "Maximally Maintained Inequality: Expansion, Reform, and Opportunity in Irish Education, 1921 – 75." *Sociology of Education* 66 (1).

Ream, R. K. & Palardy, G. J. 2008. "Reexamining Social Class Differences in the Availability and the Educational Utility of Parental Social Capital." *American Educational Research Journal* 45 (2).

Reed, E. J. 2012. *An Examination of the Educational Aspirations Parents Have for Their Children.* A Thesis Submitted in Partial Fulfillment of the Requirements for the Doctor of Philosophy Degree in Educational Policy and Leadership Studies in the Graduate College of The University of Iowa.

Roscigno, V. J., Tomaskovic-Devey, D. & Crowley, M. 2006. "Education and the Inequalities of Place." *Social Forces* 84 (4).

Rottinghaus, P. J., Lindley, L. D., Green, M. A. & Borgen, F. H. 2002. "Educational Aspirations: The Contribution of Personality, Self-efficacy, and Interests." *Journal of Vocational Behavior* 61 (1).

Sampson, R. J. & Laub, J. H. 1994. "Urban Poverty and the Family Context of Delinquency: A New Look at Structure and Process in A Classic Study." *Child Development* 65 (2).

Schultz, T. W. 1963. *The Economic Value of Education.* New York: Columbia.

Scott-Jones, D. I. A. N. E. 1995. "Parent-Child Interactions and School Achievement." *The Family-school Connection: Theory, Research, and Practice* 2.

Seginer, R. 1983. "Parents' Educational Expectations and Children's Academic Achievements: A Literature Review." *Merrill-Palmer Quarterly* 29 (1).

Selden, M. 1999. "Poverty Alleviation, Inequality and Welfare in Rural China." *Economic and Political Weekly* 34 (45).

Sewell, W. Haller, A. & Portes, A. 1969. "The Educational and Early Occupational Attainment Process." *American Sociological Review* (34) 1.

Sewell, W. H., Haller, A. O. & Ohlendorf, G. W. 1970. "The Educational and early Occupational Status Attainment Process: Replication and Revision." *American Sociological Review* 35 (6).

Sewell, W. H. & Shah, V. P. 1968. "Parents' Education and Children's Educational Aspirations and Achievements." *American Sociological Review* 33 (33).

Shavit, Y. & Blossfeld, H. P. 1993. *Persistent Inequality: Changing Educational Attainment in Thirteen Countries.* Boulder, CO: Westview Press.

Song, L., Appleton, S. & Knight, J. 2006. "Why Do Girls in Rural China Have Lower School Enrollment?" *World Development*, 34 (9).

Spera, C., Wentzel, K. R. & Matto, H. C. 2009. "Parental Aspirations for Their Children's Educational Attainment: Relations to Ethnicity, Parental Education, Children's Academic Performance, and Parental Perceptions of School Climate." *Journal of Youth & Adolescence* 38 (8).

Stevenson, D. & Baker, D. 1987. "The Family-school Relation and the Child's School Performance." *Child Development* 58.

Stevenson, H. W. & Stigler, J. W. 1992. *The Learning Gap: Why Our Schools Are Failing and What We Can Learn From Japanese and Chinese Education.* New York: Touchstone.

Sun, Y. 1998. "The Academic Success of East-Asian-American Students—An Investment Model." *Social Science Research* 27 (4).

Teachman, J. D. & Paasch, K. 1998. "The Family and Educational Aspirations." *Journal of Marriage and the Family* 60 (3).

Tilak, J. B. G. 2002. "Determinants of Household Expenditure on Education in India: A Preliminary Analysis." *Asian Economic Review* 44 (2).

Treiman, D. J. 1970. "Industrialization and Social Stratification." *Sociological Inquiry* 40 (2).

Tsui, M. & Rich, L. 2002. "The Only Child and Educational Opportunity for

Girls in Urban China." *Gender and Society* (16).

Vryonides, M. & Gouvias, D. 2012. "Parents' Aspirations for Their Children's Educational and Occupational Prospects in Greece: The Role of Social Class." *International Journal of Educational Research* 53:.

Wentzel, K. R. 1998. "Parents' Aspirations for Children's Educational Attainments: Relations to Parental Beliefs and Social Address Variables." *Merrill-Palmer Quarterly* 44 (1).

Wong, M. M. 2008. "Perceptions of Parental Involvement and Autonomy Support: Their Relations with Self-regulation, Academic Performance, Substance Use and Resilienceamong Adolescents." *North American Journal of Psychology* 10 (3).

World Bank. 2013. "The Challenge of High Inequality in China." Inequlity in Focus 2 (2).

Wu, X. & Zhang, Z. 2010. "Changes in Educational Inequality in China, 1990 – 2005_Evidence from the Population Census Data." *Research in Sociology of Education* 17.

Yan, W. & Lin, Q. 2005. "Parent Involvement and Mathematics Achievement: Contrast across Racial and Ethnic Groups." *The Journal of Educational Research* 99 (2).

Yeung, W. J., Linver, M. R. & Brooks-Gunn, J. 2002. "How Money Matters for Young Children'S Development: Parental Investment and Family Processes." *Child Development* 73.

Zhang, Y., Kao, G. & Hannum, E. 2007, "Do Mothers in Rural China Practice Gender Equality in Educational Aspirations for Their Children?" *Comparative Education Review* 51 (1).

后 记

这本著作的雏形脱胎于我的博士论文。2016 年 7 月我从北京大学社会学系博士毕业之后来到中国社会科学院社会学研究所工作，在过去几年的时间里一直忙碌于杂乱的事情，竟把博士学位论文修改出版的计划一再搁置。如今心愿总算得以达成，虽来迟而终至矣，也算了却了一桩心事。家庭教育是当下的社会热点，教育投入牵动着每个家庭的神经。中国是一个“文凭社会”，学历上的优胜成为社会流动的主要凭证。如果不能因循“好成绩—好学校—好工作”的成功路径，就很难实现向上流动。随着教育市场化的日渐加剧，对于一向重视教育的中国父母来说，从未像今天这般焦虑于子女的教育投入。在这种背景下，本书的写作希望能够推动更多的研究关注当下中国家庭教育投入的状况与差异，及其对教育与社会不平等所可能造成的深刻影响。

国内教育社会学研究，尤其是关于教育不平等的分析，更加偏重家庭背景（起点）与学业成绩、教育获得（结果）的关联，并通过数据分析进行统计检验，似乎并不太关心对中间过程的细微化考察。随着 CFPS、CEPS 等全国代表性大样本数据的出现，数据可得性促进了家庭教育投入的相关研究，拓展了教育不平等研究的领域，本书也试图建立教育过程的分析，弥补传统教育分层研究的不足。但由于修改时间的仓促，加上博士毕业后自己研究重心的转向，自己对书稿最终的完成质量并不太满意。家庭教育投入涉及内容广泛，本书的讨论仍略显单薄，有些新的研究设想也尚未融入。不足是改进的起点，更全面、更深入的讨论，只能留待以后再进一步提升和完善了。

按我的理解，我是“意外”走上学术道路的。我硕士毕业后来到北京一家国企工作，后来实在闲不住，就萌生了在职读博充实自己的想法，哪知侥幸考上了博士。真正开启博士学业之后，才知道“在职博士”四个字有多不易！由于白天和工作日都要上班，只能依靠工作之余的时间去做研究。为了利用零零碎碎的时间，我养成了在片段化时间中“见缝插针”地读书、思考和研究的习惯，当时真觉得能有大块、整块的时间去安静写东西，是极大的“奢侈”。然而正是在这样的状态中，我对学术的兴趣日益增长，直到博士毕业时我决定辞去原来的国企工作，换行来到科研机构从事学术研究。

我的转向与我的博士生导师李建新教授的督促是离不开的。或许老师最初只是出于对我能不能顺利毕业的担心，让我笨鸟先飞，不断督促我，尽量把各种任务布置在前面。但正是这种“督促”让我面对诸多 task 和 deadline，挤时间去读 paper、跑 data、写文章。在这个过程中，我逐渐重拾对学术的兴趣，建立学术研究的主动与自觉。对于博士毕业后的换行，老师说我“不忘初心”。感谢老师一直以来悉心的指导，使我接受了严格的学术训练、养成了严谨的写作习惯和求真务实的研究精神。

能够来到中国社会科学院社会学研究所从事科研工作是我的幸运，社会学研究所和谐宽容的学术环境让大家时刻感受到这是一个温暖有爱、轻松愉快的大家庭，让辛苦的科研“冷板凳”坐起来有滋有味。

感谢中国社会科学院社会学研究所的李春玲研究员。李春玲老师是我所在的研究室的室主任，既是我的领导，也是我的良师。李老师是知名社会学学者，非常有幸能与李老师共事。无论是在学术研究还是在课题开展上，李老师都给了我莫大的指导和帮助。

感谢北京大学社会学系的周皓教授。我的博士学位论文从选题到最终完稿，周老师在整个过程中都给予了我太多重要的建议。

感谢北京大学社会学系的张春泥教授。在博士学位论文开题阶段与春泥的交流给了我很好的启发，更要感谢春泥在平时的研究中对我提出的许多问题给予的解答。

感谢山东大学社会学系的张月云教授。自从教育分层成为我的研究关注后，我与月云的交流讨论日益密切，后来我们合作发表文章、共同完成课题，期待今后与月云有更多的合作。

感谢中国人民大学社会与人口学院的李丁教授。李丁师兄对我提出的研究疑惑总是不厌其烦地解答，让我少走了很多弯路。

感谢社会科学文献出版社的童根兴、谢蕊芬、胡庆英三位老师对我书稿的悉心校对以及对出版事宜的大力支持。

我的家人是我持续前行的不竭动力。感谢我的爸爸妈妈和我的岳父岳母，他们是善良、慈爱的父母，他们对我的关爱、照顾和宽容让我感激不尽！感谢我美丽纯净的妻子，她对我的全心信赖让我重拾自信，与她相处的点滴，都是我永远珍视的回忆。在博士学位论文写作时，我们的宝宝即将出生，这让我在写作的过程中心中总是充满着初为人父的喜悦与憧憬。如今，我们的宝宝四岁半了，已经成长为一个阳光快乐、活泼伶俐的小姑娘了。是她们告诉我幸福的真谛，这本书献给她们。

2021 年 3 月 8 日写于新风街

图书在版编目(CIP)数据

家庭教育投入：期望、投资与参与 / 刘保中著. -- 北京：社会科学文献出版社，2021.4
(当代中国社会变迁研究文库)
ISBN 978-7-5201-8266-9

Ⅰ.①家… Ⅱ.①刘… Ⅲ.①家庭教育-教育投资-研究-中国 Ⅳ.①G40-054

中国版本图书馆CIP数据核字(2021)第076197号

当代中国社会变迁研究文库
家庭教育投入：期望、投资与参与

著　　者 / 刘保中

出 版 人 / 王利民
责任编辑 / 胡庆英

出　　版 / 社会科学文献出版社·群学出版分社 (010) 59366453
地址：北京市北三环中路甲29号院华龙大厦　邮编：100029
网址：www.ssap.com.cn
发　　行 / 市场营销中心 (010) 59367081　59367083
印　　装 / 三河市龙林印务有限公司

规　　格 / 开　本：787mm×1092mm　1/16
印　张：10.75　字　数：174千字
版　　次 / 2021年4月第1版　2021年4月第1次印刷
书　　号 / ISBN 978-7-5201-8266-9
定　　价 / 79.00元

本书如有印装质量问题，请与读者服务中心 (010-59367028) 联系